HERMANN
EHMANN

KREATIVES
NICHTSTUN

LASSEN SIE DIE SEELE BAUMELN

Die Deutsche Bibliothek – CIP-Einheitsaufnahme

Ehmann, Hermann:
Kreatives Nichtstun : lassen Sie die Seele baumeln / Hermann
Ehmann. - Landsberg am Lech : mvg-verl., 1998
  (mvg-Paperbacks ; 08593)
  ISBN 3-478-08593-4

© 1998 bei mvg-verlag im verlag moderne industrie AG, Landsberg
am Lech

Umschlaggestaltung: Vierthaler & Braun, München
Satz: Fotosatz H. Buck, Kumhausen
Druck- und Bindearbeiten: Ebner Ulm
Printed in Germany 080 593/798402
ISBN 3-478-08593-4

Inhaltsverzeichnis

6. Kapitel:
Verfolgen Sie Ihr Ziel, als ob Sie es nicht hätten

7. Kapitel:
Sieben Relaxing-Tips: So bleiben Sie locker

Buch-Verkauf

Liebe Leserin,
lieber Leser,

wenn ich gelegentlich ziellos durch die Fußgängerzone einer Großstadt bummle und dabei in die streßverzerrten Gesichter der Menschen blicke, die wie von einer unsichtbaren Macht getrieben an mir vorüberhetzen, stellt sich für mich manchmal die Frage, ob die selbst auferlegte Hektik vieler moderner Zeitgenossen nicht vielleicht eine Art Ersatzbefriedigung sein könnte, weil man sein Leben als schrecklich langweilig, eintönig und farblos empfindet. Der große Verhaltensforscher Konrad Lorenz erzählt in seinem Buch *Die acht Todsünden der zivilisierten Menschheit* folgende kurze Geschichte: „Auf einem Waldspaziergang hörten einst meine Frau und ich unerwartet das sich rasch nähernde Geplärre eines Kofferradios, das ein etwa 16jähriger einsamer Radfahrer auf dem Gepäckträger mit sich führte. Meine Frau bemerkte: ‚Der hat Angst, er könnte die Vögel singen hören!' Ich glaube, er hatte nur Angst, einen Augenblick in Gefahr zu kommen, sich selbst zu begegnen."

Sich selbst begegnen, ruhig werden, zu sich finden – das sind nach Lorenz wertvolle menschliche Eigenschaften, die die meisten modernen Zeitgenossen entweder verlernt haben oder aber irgendwelchen Götzen opfern, die sie von dem wegführen, was sie sein könnten bzw. von ihrem Wesen als Menschen sein sollen. Die allermeisten Menschen spüren wohl, daß sie Fantasie und Kreativität besitzen, aber sie sind andauernd zu sehr mit anderen Dingen beschäftigt, so daß sie überhaupt keine Zeit finden, sich näher mit sich selbst zu befassen. Leider wird die Priorität des sogenannten „täglichen Lebens" für immer mehr Menschen zu einer fatalen Fessel ihres spontanen Einfallsreichtums. Sie ahnen zwar instinktiv, daß sie sie abstreifen sollten, aber sie sehen sich letztlich doch immer wieder außerstande dazu. Sie berauben sich dadurch einer großen Chance – nämlich der Chance, freier zu leben und Alltagssorgen schöpferischer zu lösen, als die meisten Menschen dies üblicherweise tun. Denn es zeigt sich immer wieder, daß sich die meisten Probleme viel schneller lösen lassen (oder zumindest unbedeutender werden), wenn sie kreativ angegangen werden – egal, ob im Beruf oder im Privatleben.

Es ist eine Tatsache, daß kaum jemand, der nicht hinter Klostermauern lebt, heute dem Strudel von Alltagshetze, gesellschaftlichem Druck und verordneter Fantasielosigkeit entkommen kann. Wer würde da nicht gerne einfach mal völlig abschalten und zumindest kurzzeitig „aussteigen"!?

So schwer ist das gar nicht. *Kreatives Nichtstun* heißt die „Zauberformel", mit der dies recht leicht möglich wird. Durch unsere Fantasie können wir Teile unserer Umwelt – mit Sicherheit aber uns selbst – zum Positiven verändern. Schon Aristoteles lehrte:

> „Die Konzentration auf die wesentlichen Dinge gelingt am besten über zeitweiliges Nichtstun. Wenn der Mensch äußerlich scheinbar nichts tut, tut sich etwas in ihm. Die größten Leistungen vollbringen wir immer dann, wenn wir nichts tun. Denn dann erwacht die alles belebende Fantasie."

München, im Mai 1998   *Hermann Ehmann*

1. Kapitel:
Das bewirkt kreatives Nichtstun

Wußten Sie,

✓ daß Jesus vor seinem öffentlichen Auftreten vierzig Tage lang in die Wüste ging, um „mit dem Vater allein" zu sein und sich schöpferisch auf sein Wirken vorzubereiten?

✓ daß Pythagoras die letzten Jahre seines Lebens mit niemandem mehr sprach, aber in einem Anfall plötzlicher Intuition noch ein paar Linien in den Sand malte und damit das rechtwinkelige Dreieck erfand.

✓ daß Wassily Kandinsky, einer der faszinierendsten Maler unseres Jahrhunderts, sich regelmäßig in ein einsames Provinznest in den Donauauen zurückzog und wochenlang nur angelte, um sich für ein einziges Bild inspirieren zu lassen?

✓ daß Klosterorden früher ihre Kirchen und Meditationsstätten stets auf speziellen Kraftorten errichteten, von denen sie meinten, daß sie ihre Inspiration förderten?

✓ daß Arturo Toscanini, der vielleicht größte Dirigent aller Zeiten, jedes Jahr vier volle Monate in ein kleines Bergdorf auf Mallorca auswanderte, um – wie er sagte – seiner „inneren Melodie" zu lauschen?

✓ daß der legendäre Automobil-Pionier Rudolf Diesel zwei Wochen lang in die Luft starrte, ehe er 1892 eine geniale Antriebsmaschine erfand, deren Kraftstoff sich mit heißer, verdichteter Luft entzündete?

✓ daß Sir Issac Newton, der wahrscheinlich größte Physiker der Neuzeit, die Spektralfarbentheorie entdeckte, als er gemütlich über einen kleinen Jahrmarkt in Lincolnshire bummelte und zufälligerweise bemerkte, daß sich ein Sonnenstrahl in einem Glasklumpen brach?

Gehören Sie zu den Menschen, die glauben, dem menschlichen Grundbedürfnis nach Relaxen sei damit Genüge getan, sich nach Feierabend ein paar Stunden erdnußkauend dem TV-Konsum hinzugeben und dabei die Beine hochzulegen? Dann wünsche ich Ihnen, daß Sie mit dieser Ansicht glücklich werden. Wenn Sie aber entschlossen sind, wirklich etwas für sich zu tun und Ihren Alltag spielerisch auflockern wollen, dann haben Sie bereits einen wichtigen Schritt in Richtung eines erfüllenden Lebens getan. Denn Veränderung beginnt bekanntlich immer im Kopf. Vielleicht haben Sie schon mal von Tai Chi, NLP, Hypnose, Mind-Mapping, Qui-Gong, Atemtherapie, Kinesiologie und ähnlichen Anti-Streß-Methoden gehört. Keine Angst – darum geht es in diesem Buch *nicht!* Ich stehe diesen Methoden sogar eher kritisch gegenüber. Denn sie helfen nach meiner festen Überzeugung keineswegs so gut, wie ihre Verfechter meist behaupten, sondern verstärken Streßsymptome und innere Unruhe oft sogar noch. Warum das so ist? Ganz einfach: Die Entspannung ist hier keine ganzheitliche (auch wenn das oft gesagt wird!), sondern wird durch äußere Methoden künstlich herbeigeführt. Zwar wird auch hier teilweise Kreativität freigesetzt, aber das Erlernen dieser Techniken raubt erst einmal Energie, Zeit und Konzentration.

Mehr aus den Dingen machen

Kreatives Nichtstun funktioniert im Grunde sehr einfach. Niemand muß es erst in komplizierten Kursen erlernen, weil es im Prinzip jedem Menschen in die Wiege gelegt ist. Manchmal kann schon ganz simples Faulenzen die ersehnte Entspannung für die Seele bringen und zündende Ideen hervorrufen. Man kann aber dieses Faulenzen auch noch etwas aufwerten – mit Fantasie. Niemand muß dafür auf eine griechische Insel auswandern, einen Guru in Indien aufsuchen oder sich der Charismatischen Bewegung anschließen. Es ist ganz einfach möglich – hier und jetzt. Heute und sofort. Für jeden von uns. Mit Hilfe jener schöpferischen Power, die in jedem von uns steckt.

Eines gleich vorweg: Sie sollen überhaupt nicht zum Künstler werden. Wenn Sie aber über kurz oder lang ein Lebens-Künstler werden, der die Fäden seines Lebens besser in der Hand hat, wäre das zweifellos ein Gewinn. Sie werden sogar sehen, es geht fast gar nicht anders, wenn Sie Ihre kreative Energie erst einmal so richtig schwingen lassen. Denn sobald wir einmal etwas in der Fantasie erlebt, genossen oder auch durchlitten haben, so führt das unweigerlich dazu, daß wir die Realität zukünftig eher auf zunächst nur fantastisch erscheinende und doch realisierbare Aspekte hin betrachten und intensiver erleben. Habe ich beispielsweise ein Traumland betreten, so kann mir ein einfacher Waldspaziergang durch Verknüpfung mit der Fantasie ein intensiveres Erlebnis werden. Meine Wahrnehmung und meine Vorstellungskraft werden geschärft und angeregt. Fantasie und Kreativität stehen in engem Zusammenhang; letztlich ist Kreativität nichts anderes als in die Tat umgesetzte Fantasie. Fantasie kann sich auf mehreren zeitlichen Ebenen abspielen: Vergangenheit, Gegenwart und Zukunft können vielgestaltig fantastisch erlebt werden. Fantasie haben heißt nicht, sich etwas ausdenken. Es heißt, aus den Dingen etwas zu machen.

Vor Motivation und Ideen sprühen

„Jeder ist ein Philosoph" – das war die Überzeugung von Platon, dem vielleicht genialsten der altgriechischen Philosophen. Er ging davon aus, daß nicht die Wirklichkeit, die wir um uns herum erleben, real sei, sondern lediglich die Ideen. Aus ihnen müssen wir die Realität erschaffen. Denn diese ist nichts weiter als das Abbild unserer Ideen. Soweit Platon.

Für die meisten ihrer hart arbeitenden Zeitgenossen waren die griechischen Philosophen „Nichtsnutze", die nichts arbeiteten und auf Kosten anderer lebten. Auf den ersten Blick trugen sie überhaupt nichts zur Gemeinschaft bei. Aber sie waren *kreative* „Nichtsnutze". Genau betrachtet ist das ein gewaltiger Unterschied. Denn sie sprühten nur so vor hervorragenden Ideen, die ihre Mitmenschen regelmäßig verblüfften. Durch ihr kreatives Nichtstun haben Sie Hervorragendes und Bleibendes geschaffen, das die Jahrhunderte überdauerte und für das die Menschheit sie heute noch auf Händen trägt.

Die gesamte Kunst- und Wissenschaftsgeschichte ist nicht von ungefähr voller Beispiele, daß wahre Kunst und große Ideen niemals unter Streß und Zeitdruck geschaffen wurden – sondern immer in Frei-Zeiten wirklicher Muße und Einkehr.

Welche Folgerung ziehen wir daraus? Wenn wir unsere Motivation verbessern und neue Ideen kreieren wollen, die neue Farbe in unser Leben bringen sollen, bleibt uns gar nichts anderes übrig, als gelegentlich „auszusteigen". Dann nämlich werden wir vor Ideen sprühen, und wir werden unsere Umgebung durch die positive Schwingung, die wir ausstrahlen, unweigerlich mitreißen.

Verbesserung zwischenmenschlicher Beziehungen

Das Wichtigste aber ist: Fantasieren und Kreativsein macht riesig Spaß. Kreatives Nichtstun erzeugt sogar Humor, wie wir noch sehen werden.

Ich bin felsenfest davon überzeugt, daß viele teuere Antidepressiva überflüssig wären, wenn Ärzte und Psychiater ihren Patienten häufiger kreatives Nichtstun „verordnen" würden. Denn das ist nach meiner Auffassung das beste Mittel gegen schlechte Laune, Stimmungsschwankungen und Depressionen, weil es Symptome nicht zudeckt, sondern deren Ursachen spielerisch beseitigt. Vor allem aber trägt kreatives Nichtstun entscheidend dazu bei, (gestörte) zwischenmenschliche Beziehungen harmonischer zu gestalten. Wer nämlich kreatives Nichtstun praktiziert und mit sich selbst in Einklang lebt, neigt logischerweise weniger zu aggressivem Verhalten. Und wenn er doch mit Aggressionen konfrontiert wird, erstickt er diese oft schon durch seine positive Ausstrahlung im Ansatz. Besonders deutlich zeigt sich dies bei Kindern: Kinder, die zu wenig Zeit zum freien Spielen oder keinen Spielpartner haben, sind häufig aggressiv und gereizt; umgekehrt sind Kinder, die viel mit sich selbst und anderen spielen, friedfertig und ausgeglichen. Und weshalb sollte das, was für Kinder gilt, nicht auch für Erwachsene gelten? Schließlich sind Erwachsene im Tiefsten ihres Herzens nichts anderes als große Kinder.

Hilfe gegen psychosomatische Störungen

Was macht Menschen krank? Die Mehrzahl der psychosomatischen Störungen stellt eine Reaktion auf körperliche Überlastung, auf geistige Überforderung und somit auf den Verlust des körperlich-seelischen Gleichgewichtes dar. Anders gesagt: Menschen werden krank durch Ängste und Sorgen, durch gestörte Beziehungen, durch Gruppenzwang und Uniformität, durch einen aus dem Gleichgewicht geratenen Lebensrhythmus, vor allem aber durch das Nicht-Ausleben bestimmter Bedürfnisse wie Spiel, Entspannung, schöpferische Abwechslung. Der Mensch ist aber nicht zur Traurigkeit geboren, sondern zur Freude. Situationen wie Streit, Enttäuschung, Ärger, Furcht lösen unangenehme Affekte in ihm aus. Diese beeinflussen die Magensekretion, den Blutdruck usw.

Allerdings ist das, was krank macht, nicht die belastende Situation selbst, sondern die Art und Weise, wie der betreffende Mensch darauf reagiert. Jemand, der seelisch schlecht „abgehärtet" ist, also kaum positives Selbstwertgefühl besitzt, neigt dazu, Ärger zu schlucken, und produziert infolge der eintretenden vegetativen Verkrampfung (Gefäßverengung) mehr Magensaft. Er wird schließlich leichter krank. Medikamente stellen aber keine echte Hilfe dar, weil kein organischer Schaden vorliegt.

Hier kann kreatives Nichtstun entscheidend zu mehr Lebensqualität beitragen, denn es macht immun gegen schädliche Affektreaktionen. Kreatives Nichtstun bedeutet spielerische Abwechslung – es stillt das Bedürfnis nach fantasievollem Faulenzen und ermöglicht jene wichtigen Entspannungsphasen, in denen sich die Seele erholen und neu auftanken kann. Schädliche Aggressionen haben keine Chance, weil sie kreativ abreagiert werden, schlechte Laune oder depressive Verstimmungen kommen erst gar nicht auf. Kreatives Nichtstun ist somit das beste, billigste und natürlichste Mittel gegen psychosomatische Beschwerden. Denn es führt den Menschen spielerisch auf das zurück, was er ist bzw. sein soll oder sein will.

Das bewirkt kreatives Nichtstun

Wenn Sie regelmäßig kreatives Nichtstun praktizieren, wie es in diesem Buch beschrieben wird, werden Sie über kurz oder lang folgende positiven Veränderungen an sich feststellen:

✔ Ihr emotionales, soziales, geistiges, musisches ... Leben beginnt sich (neu) zu entfalten. Es erschließen sich Ihnen neue Räume, neue Interessen, neue Ideen, neues Engagement.

✔ Ihre Selbstachtung wird weniger abhängig von Anerkennung durch andere. Ihr Selbstwertgefühl wird stabil(er) und nicht (mehr so) leicht zu kränken sein. Sie entwickeln ein lockeres Verhältnis zu Erfolg und Anerkennung; Sie streben beides wohl an, werden aber nicht zu ihren Sklaven.

✔ Sie werden unempfindlicher gegenüber (unberechtigter) Kritik an Ihrer Person oder Ihrer Leistung.

✔ Ihre Konfliktfähigkeit verbessert sich. Sie produzieren keine überflüssigen Konflikte mehr und können die unvermeidlichen leichter lösen.

✔ Sie sind fähig(er) zu Muße und bewußter Entspannung. Sie können stundenlang mit sich allein sein, weil Ihnen Langeweile fremd ist.

✔ Sie sind fähig, Freuden intensiver zu genießen und Enttäuschungen weniger ernst zu nehmen.

Praxis-Test: Wie kreativ sind Sie?

Als zu Beginn des 19. Jahrhunderts einige Kulturphilosophen behaupteten, der Mensch sei von Natur aus ein „homo ludens", also ein spielendes Wesen, erklärte man sie schlicht für verrückt. Man folgte statt dessen eher der Theorie des Sozialdarwinismus, derzufolge der Mensch ausschließlich für den Überlebenskampf bestimmt sei. Doch meiner Meinung nach traf die Kulturphilosophie den Nagel exakt auf den Kopf. Das Spiel gehört existentiell zur Natur des Menschen. Nicht nur Kinder sollen spielen, auch Erwachsene haben ein großes Spielbedürfnis, das gestillt werden will. Daran, daß Sie kreativ sind, besteht daher überhaupt kein Zweifel. Denn jeder Mensch ist das (bis zu einem gewissen Grad). Die Frage ist lediglich, wie sehr unser Alltag durch Kreativität bestimmt ist. Trainieren Sie gezielt Ihre Fantasie oder lassen Sie sich treiben und dabei schöpferische Impulse verkümmern?

1. Lassen Sie kurz vor dem Einschlafen die Ereignisse des Tages noch einmal an sich vorüberziehen?
   a) Ja.
   b) Manchmal.
   c) Nein.

2. Gönnen Sie sich hin und wieder Tagträume, und lassen Sie ihnen Raum und Zeit?
   a) Ja.
   b) Manchmal.
   c) Nein.

3. Haben Sie schon mal den Versuch gemacht, eine Geschichte oder ein Gedicht zu schreiben oder eine eigene Melodie zu komponieren?
   a) Ja.
   b) Manchmal.
   c) Nein.

4. Haben Sie schon mal ganz spontan ein ausgefallenes Kochrezept ausprobiert?
   a) Ja.
   b) Manchmal.
   c) Nein.

5. Glauben Sie, daß Sie erfolgreicher wären, wenn Sie bestimmte Probleme besser lösen könnten?
   a) Ja.
   b) Manchmal.
   c) Nein.

6. Sind Formen und Farben für Sie wichtig?
   a) Ja.
   b) Manchmal.
   c) Nein.

7. Unternehmen Sie nach Feierabend bzw. am Wochenende mindestens zweimal pro Woche noch etwas (außer Putzen, Essen und Fernsehen)?
   a) Ja.
   b) Manchmal.
   c) Nein.

8. Können Sie sich beim Lesen oder Hören von Geschichten und Romanen die Menschen und Schauplätze gut vorstellen?
   a) Ja.
   b) Manchmal.
   c) Nein.

9. Tun Sie häufig Dinge völlig zweckfrei, also ohne etwas Bestimmtes damit zu verfolgen?
   a) Ja.
   b) Manchmal.
   c) Nein.

10. Haben Sie eine Zukunftsvision, wie die Welt in 50 oder 100 Jahren vielleicht aussehen könnte?
    a) Ja.
    b) Manchmal.
    c) Nein.

11. Nehmen wir an, Sie müssen in Ihrem Beruf eine Aufgabe übernehmen, die Sie noch nie gemacht haben. Sind Sie sehr aufgeregt?
    a) Ja.
    b) Manchmal.
    c) Nein.

12. Entdecken Sie leicht optische Täuschungen in Ihrer Umgebung, z.B. Gegenstände, die größer oder kleiner erscheinen, als sie wirklich sind?
    a) Ja.
    b) Manchmal.
    c) Nein.

13. Erfinden Sie manchmal neue Wörter, Spiele oder Namen?
    a) Ja.
    b) Manchmal.
    c) Nein.

Bewertung: Je öfter Sie mit „Ja" geantwortet haben, desto mehr durchdringen Sie Ihren Alltag bereits kreativ. Wenn Sie häufiger mit „Manchmal" oder „Nein" geantwortet haben, ist es wahrscheinlich höchste Zeit, daß Sie Ihre Kreativität etwas mehr trainieren – das würde sich auf alle Bereiche des täglichen Lebens zweifellos positiv auswirken.

✎ *Eigene Gedanken:*

_____

_____

_____

_____

_____

_____

_____

_____

_____

_____

_____

_____

_____

_____

_____

_____

_____

_____

_____

_____

_____

_____

_____

_____

_____

Bevor Sie weiterlesen, lade ich Sie ein festzustellen, ob Sie nur ein bißchen oder schon gefährlich gestreßt sind. Eine wichtige Voraussetzung, um schöpferisch tätig zu werden, ist nämlich, daß man innerlich ruhig ist.

Beantworten Sie selbstkritisch alle Fragen in dem folgenden Test, der von Streßforschern der amerikanischen Harvard-Universität entworfen wurde, und werten Sie das Ergebnis entsprechend aus. Falls Sie von sich meinen, bereits entspannt zu sein, können Sie diesen Test einfach überspringen.

Praxis-Test:
Wie gut können Sie relaxen?

Alle Fragen beziehen sich auf die letzten sechs Monate.

	ja	nein
1. Haben Sie mindestens einmal pro Woche Streit mit jemandem?	☐	☐
2. Hat sich Ihre Arbeitszeit zuletzt radikal verändert?	☐	☐
3. Trinken Sie jeden Tag Alkohol?	☐	☐
4. Rauchen Sie mehr als vier Zigaretten pro Tag?	☐	☐
5. Ist ein Ihnen nahestehender Mensch gestorben?	☐	☐
6. Haben Sie sich von Ihrem Partner getrennt?	☐	☐
7. Hatten Sie einen schweren Unfall oder eine ernste Krankheit?	☐	☐

	ja	nein

8. Haben Sie geheiratet oder eine neue Partnerschaft begonnen? ☐ ☐

9. Können Sie oft schlecht schlafen? ☐ ☐

10. Haben Sie oft das Gefühl, daß Ihnen alles über den Kopf wächst? ☐ ☐

11. Sehen Sie mehr als zwei Stunden pro Tag fern? ☐ ☐

12. Haben Sie Geldsorgen? ☐ ☐

13. Ist Ihre Situation am Arbeitsplatz unbefriedigend? ☐ ☐

14. Sind Sie oft eifersüchtig? ☐ ☐

15. Sind Sie enttäuscht und verärgert über viele Menschen? ☐ ☐

16. Sind Sie mit Ihrem Liebesleben unzufrieden? ☐ ☐

17. Leben oder arbeiten Sie unter starker Lärmbelästigung? ☐ ☐

18. Haben Sie wenig bis gar keine Bewegung? ☐ ☐

Test nach: Bruce M. Nash, Randolf B. Monchick, Erkennen Sie sich selbst! Psychotests, Falken-Verlag, Niedernhausen 1984.

Geben Sie sich für jedes „Ja" einen Punkt und lesen Sie unter der jeweiligen Kategorie nach:

0–2 Punkte: Herzlichen Glückwunsch! Sie verstehen es ausgezeichnet, durch Ihre kreative Power negativen Streß von sich fernzuhalten, und fühlen sich vermutlich hervorragend. Vielleicht finden Sie in diesem Buch trotzdem die eine oder andere Anregung oder Idee, die Sie gerne ausprobieren möchten.

3–4 Punkte: Sobald Sie sich Ihrer kreativen Power bewußt sind, fühlen Sie sich wahrscheinlich ausgezeichnet – etwas Ärger ist bekanntlich noch kein negativer Streß. Profitieren Sie vom *kreativen Nichtstun,* um zukünftig vielleicht noch bewußter und „fantastischer" zu leben.

5–8 Punkte: Sie befinden sich zwar (noch) in guter Verfassung, durch negativen Streß sind Sie aber auch empfänglich für schlechte Stimmung, Aggression und Erkrankungen. Versuchen Sie, einige Stressoren, die Sie selbst kontrollieren können, auszuschalten, und geben Sie Ihrem Leben durch regelmäßiges *kreatives Nichtstun* einen neuen Kick!

9–14 Punkte: Überlegen Sie, wie Sie belastenden Streß verringern können, damit Ihre Gesundheit nicht (noch mehr) darunter leidet. Vielleicht kann dieses Buch einen kleinen Beitrag zu Ihrer Entspannung leisten.

15–18 Punkte: Es ist höchste Zeit! Tun Sie jetzt etwas für sich, ehe es zu spät ist. Jeder Tag, den Sie versäumen, bringt Sie wahrscheinlich gefährlichen Streßkrankheiten näher. Beginnen Sie mit einer der entspannenden Kreativ-Übungen auf den nächsten Seiten.

2. Kapitel:
Spielerisch loslassen lernen

In diesem Kapitel geht es zuerst einmal darum, was kreatives Nichtstun eigentlich ist beziehungsweise was es für jeden einzelnen sein kann. Dabei beschäftigen wir uns vor allem mit der Frage, wie man lernen kann, belastende Dinge spielerisch loszulassen. Viele Sorgen und Ängste werden bekanntlich kleiner, sobald man ihnen nicht mehr einen so großen Stellenwert einräumt. Das ist eine alte Weisheit. Nur – wie kann man dahin kommen, ohne in einen weltfremden Fatalismus zu verfallen?

Ich bin davon überzeugt, daß jeder, wirklich jeder, kreativ sein und daraus entscheidend für seinen Alltag profitieren kann. Wer das nicht glaubt, gehört wahrscheinlich zu den ganz wenigen Menschen, die sich mit Händen und Füßen dagegen sträuben, kreativ zu sein. Und auch dementsprechend unkreativ sind. Solche Menschen ahnen leider meist gar nicht, wie viel sie vom Leben verpassen.

Nichtstun und kreatives Nichtstun

Kreativsein gilt seit jeher als eine Domäne der Philosophen. Nichtstun auch. Kreatives Nichtstun sowieso. Für mich ist Philosophie eine Aktivität, die man eigentlich nicht studieren, sondern nur praktizieren kann. Das mein(t)en übrigens auch die meisten alten Philosophen. Leider trauen sich manche Menschen nicht so recht an die Philosophie heran, weil sie sie fälschlicherweise für kompliziert oder abgehoben halten. Das stimmt aber nicht. Philosophie ist die einfachste Sache der Welt: Thales von Milet (um 620–550 v. Chr.) beispielsweise war ein Meister der Einfachheit. Von ihm stammen unter anderem folgende Behauptungen:

1.   Das Wasser ist ein göttliches Prinzip, alles ist aus dem Wasser hervorgegangen;

2.   Magneten haben eine Seele.

Sie haben schon richtig gelesen! Nicht gerade sehr vielversprechend, könnte man auf den ersten Blick meinen. Doch halt: Um darauf zu kommen, daß Magneten eine Seele haben könnten, muß man erst mal ganz schön schöpferisch sein, finde ich. Nicht von ungefähr wird Thales heute neben Archimedes in der ganzen Welt als „Erfinder" der Mathematik gepriesen.

Weiteres Beispiel gefällig? Sehen Sie sich einmal folgende typische platonische Argumentation aus dem zweiten Buch der *Republik* an:

1.   Jeder, der aufgrund von Wissen zwischen Dingen unterscheiden kann, ist ein Philosoph.

2.   Wachhunde unterscheiden zwischen Dingen (in diesem Fall Besuchern), je nachdem, ob sie sie kennen oder nicht (eine Wahrheit, die Postboten nur allzu vertraut ist). – Ergo:

3.   *Wachhunde sind Philosophen.*

Hätten Sie das gedacht? Machen Sie hin und wieder die Probe aufs Exempel, aber erwarten Sie nicht, daß die Hunde das auch wissen und sich brav wie Philosophen verhalten!

Oder denken Sie an Diogenes, jenen Spaßvogel, der in der Tonne lebte und einmal denkwürdigerweise, wenn auch vorschnell, Alexander den Großen aufforderte, ihm aus der Sonne zu gehen. Außerdem schockierte er die Leute, indem er auf öffentlichen Plätzen aß und liebte, wann er wollte. Diogenes und seine Spießgesellen werden heute als Erfinder des Zynismus (deshalb auch der Beiname „Diogenes der Kyniker") gefeiert; die Kyniker waren Meister der höhnischen Bemerkungen und Verächter von Freßorgien. Einen von ihnen, Krates, nannte man den „ungebetenen Gast", weil es seine Spezialität war, in die Häuser der Leute einzudringen und sie zu beleidigen. Damals wurde er mit der Peitsche vertrieben, heute wird er als der „Vater der Ironie" zitiert.

Natürlich sollen Sie es nicht genauso machen. Aber lassen Sie sich auch nicht vorschnell abschrecken: Die Philosophie umgibt eine solche gewaltige Aura, daß sie auch für uns heute noch einiges hergeben kann, wenn man sich ein wenig darauf einläßt.

Sie haben sich trotzdem entschieden, die Philosophen erst mal zurückzustellen!? Macht auch nichts. Es gibt noch viele andere Möglichkeiten, kreativ zu werden und seine Fantasie zu schärfen. Fangen wir gleich damit an: Wie wäre es zum Beispiel mit einer Sache, die Sie täglich tun: sprechen. Die Sprache bietet mehr Möglichkeiten, sich schöpferisch auszutoben, als Sie vielleicht ahnen.

✎ *Eigene Gedanken:*

_____

_____

_____

_____

_____

_____

_____

_____

☞   **Kreativ-Idee 1:**
          Alte Wörter neu erfinden

Gehen Sie in eine Bibliothek und wälzen Sie versuchsweise ein paar alte Wörterbücher. Holen Sie sich daraus Anregungen und erfinden Sie ganz neue Vokabeln, die unsere immer bürokratischer werdende Standardsprache auflockern oder bereichern könnten. Gerade die Sprache läßt ungeheuer viel Spielraum für Kreativität. Ein Blick auf die Jugendsprache genügt – was tauchen da nicht alles für seltsame Vokabeln auf: *megageil, Neutralo, gigageil, turbogalaktisch, gigantisch, kosmisch, Ultratyp, hyperstark* usw.

Wer hätte gedacht, daß diese altgriechischen Wortstämme, die schon unsere genannten Philosophen im Munde führten, in der Jugendsprache des ausgehenden 20. Jahrhunderts eine solche Renaissance erleben? Diese Form der Jugendsprache hat meiner Ansicht nach nichts mit Sprachverfall zu tun, wie Puristen bisweilen behaupten! Vielmehr das genaue Gegenteil ist der Fall: Die Jugendsprache ist das Resultat kreativen Spielens mit dem etymologischen „Material" Sprache.

Kümmern Sie sich nicht um Dudenredaktion oder Rechtschreibreform und werden Sie sprachkreativ! Trauen Sie sich zu, neue Begriffe oder Namen für Ihren ganz persönlichen Gebrauch zu prägen. Heißt einer Ihrer Freunde Friedrich? Prima. – Nennen Sie ihn zukünftig einfach Frederico! Oder Hermann? Wie wäre es mit Hermando oder Hermelin? Oder englisch ausgesprochen: Herman (Hörmän)?

Oder setzen Sie noch eins drauf und erfinden Sie gleich Ihre eigene Geheimsprache, in der Sie sich fortan mit Ihrem besten Freund oder Ihrer besten Freundin verständigen, ohne daß andere verstehen, welche Nachrichten Sie gegenseitig per Code austauschen.

☞ ### Kreativ-Idee 2:
Alte Biografien neu „erleben"

Vielleicht sind Sie aber weniger der Sprach-, sondern eher der Abenteurertyp. Macht auch nichts. Dann sind eventuell die Biografien großer Entdecker genau das Richtige für Sie: Marco Polo, Vasco da Gama, Hernán Cortés, Christoph Kolumbus oder irgendein anderer. Stöbern Sie diese Biografien durch und schlüpfen Sie gedanklich in die Zeit des Helden (siehe auch Kreativ-Idee 5: Abenteuer „Schatzsuche"). Mit großer Wahrscheinlichkeit entdecken Sie dabei für sich etwas Neues, was Sie noch nicht wußten oder was Ihnen womöglich sogar Anregungen für Ihr augenblickliches Leben bringt.

Vielleicht finden Sie heraus, daß Kolumbus am 3. August 1492 aus Versehen Amerika „entdeckte", obwohl er eigentlich nach Indien wollte. Oder daß Vasco da Gama im Auftrag des Portugiesen-Königs Manuel I. herausfinden sollte, ob ein Seeweg nach Indien um Afrika herum existierte, und sich statt dessen wochenlang am Kap der Guten Hoffnung aufhielt.

Wenn Sie sich etwas ausführlicher mit den Biografien dieser großen Helden beschäftigen, werden Sie wahrscheinlich feststellen, daß ihnen bei vielen Entdeckungen der „Zufall" Pate stand und sie oft gerade dann zum Ziel kamen, wenn sie überhaupt nicht (mehr) damit rechneten. Was schließen Sie daraus für Ihren Alltag? Zum Beispiel dies: nichts erzwingen, die Zeit entscheiden lassen, Dinge erst mal geschehen lassen …

Was würden Sie davon halten, zum erstenmal seit längerer Zeit mal wieder zum Pinsel zu greifen und eine ganz bestimmte Szene mit Wasser- oder Ölfarben zu malen – z.B. jene Überraschung, als Kolumbus unerwartet Land entdeckte!? Ich habe regelmäßig bei solchen Inspirationsübungen die besten Einfälle, die mich im Alltag oft entscheidend weiterbringen. Ich glaube, der Grund dafür liegt gerade darin, daß man nichts erzwingen will und sich auf die verschiedenen Farben und Bildelemente einläßt. Dabei wird man locker und offen für neue Ideen.

Indem man solche (eigentlich banalen) Dinge tut, beginnt die Seele, zunächst unmerklich die alltäglichen Probleme loszulassen und sich dann auf der Gefühlsebene spielerisch zu entspannen. Auch wenn sich am Anfang vielleicht etwas in Ihnen sträubt, so scheinbar „nutzlose" Dinge zu tun, die nicht primär zielgerichtet und zweckorientiert sind. Schließlich sind wir so programmiert, daß unser einseitig rationales Denken und Tun immer auf etwas Bestimmtes hin fixiert sein will. Doch gerade das verhindert wirkliche Entspannung. Dies ist auch der Grund, weshalb so viele Menschen unfähig zum Relaxen sind. Diese Anfangsbarriere gilt es unbedingt zu überwinden. Das ist Teil des kreativen Nichtstuns.

Wenn Sie eine technische Ader haben, könnten Sie sich vielleicht den großen Sir Isaac Newton einmal genauer ansehen, jenen brillanten Erfinder zu Beginn des 18. Jahrhunderts. Wie aus seinen Tagebüchern hervorgeht, pflegte er manchmal wochenlang „überhaupt nichts zu tun, außer sinnlos die Sterne zu zählen und Banalitäten nachzugehen". Von Kollegen und Schülern wurde er dafür belächelt. Hinterher machte er aber regelmäßig sagenhafte Entdeckungen, die die Menschheit immer wieder einen Schritt weiterbrachten: die Gravitation, die Integralrechnung, die Interferenz, das Spiegelfernrohr, das Prisma, um nur einige zu nennen. Das Prisma erfand er übrigens ganz durch Zufall, quasi im Vorübergehen, als er an einem sonnigen Junitag des Jahres 1680 über einen Jahrmarkt in Lincolnshire spazierte und dabei beobachtete, daß sich das Sonnenlicht wunderbar in einem Glasklumpen brach, der dort an einem

Verkaufsstand zum Beschweren von Tüchern benutzt wurde. Der Verkäufer schenkte Newton „das nutzlose Stück" – dieser hielt das Glas in die Sonne, und schon war die Spektralfarbentheorie geboren, die heute jedes Kind in der Schule lernt. Newton war – wie er selbst immer wieder von sich sagte – ein Mensch mit einem sehr ausgeprägten Hang zu gelegentlichem Müßiggang. Dabei schöpfte er seine Ideen. „Am wohlsten fühle ich mich im Juli unter einem Apfelbaum im warmen Gras", schrieb er einmal an einen seiner Freunde, der partout nicht verstehen konnte, warum Newton in den Sommermonaten nie arbeitete.

Vielleicht sagen Sie jetzt: „Das ist ja alles schön und gut, aber mittlerweile ist doch schon alles erfunden! Was soll man denn heute noch revolutionäres Neues tun?"

Das kann man auch anders sehen: Die Welt ist noch immer voller Rätsel, die nur darauf warten, gelöst zu werden. Und der Rätsel Lösungen sind manchmal so einfach, daß wir sie schlicht übersehen, weil wir nicht glauben wollen, daß sie so einfach sein können. Die hohe Kunst des kreativen Nichtstuns besteht gerade darin, das Einfache zu sehen. Und überhaupt sollen Sie ja gar nicht zum großen Entdecker werden und den geräuschlosen Rasenmäher oder das unfallsichere Auto erfinden – im Gegenteil. Es genügt fürs erste vollkommen, einmal einen Blick darauf zu werfen, unter welchen Umständen früher große Ideen heranreiften, und sich dabei zu fragen, ob das, was sich vor einigen hundert Jahren als praktikabel erwiesen hat, vielleicht auch heute noch greifen könnte.

Kreativ-Tip: Schöpferisches Loslassen beginnt schon bei ganz kleinen alltäglichen Dingen: bei einem bewußten Spaziergang in der aufblühenden Natur beispielsweise, beim entspannten Lesen eines guten Buches, bei der Auswahl einer sinnvollen Freizeitbeschäftigung (siehe auch das Kapitel „Rezept gegen den Freizeitstreß" ab Seite 47) usw. Es muß nicht immer etwas Unkonventionelles, Außergewöhnliches sein. Wer auch nur einmal in seinem Leben etwas tut, was er noch nie zuvor gemacht hat, handelt bereits kreativ und tut sich selbst etwas Gutes – auch wenn er es vielleicht nicht sofort realisiert. Aber das Unterbewußtsein wird es zweifellos danken. Bei Dingen, die uns intellektuell nicht fordern, kann die Seele am besten relaxen und auftanken. Überwinden Sie die erste Barriere – Ihr rationales Ego.

Garnieren Sie vielleicht zur Abwechslung Ihr Kirschkompott statt wie üblich mit Sahne oder Vanilleeis einmal mit einer reifen Ananas (ganz nebenbei tun Sie damit auch Ihrer Gesundheit einen Gefallen!). Denken Sie dabei an den weiten Weg der Ananas, den diese von ihrem Baum bis auf Ihren Teller zurückgelegt hat. Denken Sie an die Menschen, die sie geerntet haben. Stellen Sie sich diese Menschen plastisch vor. Denken Sie an die Dominikanische Republik, an Haiti, wie Sie die Länder aus bunten Reiseprospekten kennen, an den weißen sonnenüberfluteten Sandstrand von Hawaii, an die Brandung des Meeres, an die heißen Dünen, an die steife Brise, die durch Ihre Hand weht. Anschließend nehmen Sie einen Stift zur Hand und malen zum erstenmal in Ihrem Leben Ihren ganz persönlichen Haiti-Strand – mit Hula-Mädchen, braungebrannten Menschen, Palmen, Sangria-Bar oder aber auch ganz anders, wie Sie es sich eben vorstellen. Hängen Sie sich dieses Bild in die Küche. Oder noch besser – machen Sie einen Südsee-Urlaub auf Ihrem Balkon.

Kreativ-Idee 3:
Südsee-Urlaub auf Balkonien

Holen Sie sich mehrere Eimer Sand und besorgen Sie sich in der Gärtnerei ein paar Zwergpalmen. Dann brauchen Sie nur noch einen sonnigen Tag abzuwarten, um Ihren Balkon (oder Ihre Terrasse) in Klein-Haiti zu verwandeln: kurzerhand den Sand ausgekippt, die Palmen postiert, den Liegestuhl aufgestellt, die Sonnenbrille aufgesetzt, einen Cocktail gemixt, als Dekoration ein paar reife Früchte ausgebreitet, dazu sanfte Musikberieselung von einer Meditations-CD – fertig. Das ist Urlaub pur und ersetzt so manchen stressigen Kurzreisetrip übers Wochenende.

Ihre Nachbarn werden staunen (falls sie es überhaupt mitkriegen, weil sie wahrscheinlich sowieso vor dem Fernseher sitzen werden). Jeder, der Sie so kreativ und zufrieden sieht, wird Sie beneiden. Und wenn andere ihren Kopf über Sie schütteln, sollten Sie das als Ausdruck tiefster Bewunderung deuten. In Asien jedenfalls gilt Kopfschütteln als Kompliment.

Und es geht noch weiter: Vergegenwärtigen Sie sich die lange Schiffsreise der Ananas über die verschiedenen Weltmeere in irgendeinem dunklen Lagerraum, eingepfercht zwischen Tausenden anderer Ananas auf dem Weg nach Europa. Malen Sie sich aus, was Ihre ganz spezielle Ananas auf dieser Kreuzfahrt alles hört und sieht (sofern sie das Glück hat, oben zu liegen). Zeichnen Sie Ihr eigenes Traumschiff oder träumen Sie von einem lukullischen Dinner auf Deck mit anschließender Tanzparty und einem gemütlichen Plausch mit dem Kapitän. Denken Sie an die wunderbaren Inhaltsstoffe, die – von irgendeiner geheimnisvollen wunderbaren Kraft angeregt – im Bauch Ihrer Ananas gereift sind, an die zahlreichen wertvollen Schönheits- und Fitneß-Enzyme, die sie enthält.

Schlagen Sie in einem Lexikon über Enzyme nach und lesen Sie, daß es sich hierbei um „bioaktive Zündfunken des Lebens" handelt, die „nahezu alle Stoffwechselvorgänge steuern und sogar bestimmte Krankheiten heilen". Ist das vielleicht nichts?

(Kleiner Tip am Rande: Falls Sie keine Ananas mögen, funktioniert das Ganze natürlich auch mit einer Papaya, einer Banane oder einer Kiwi.)

Wenn Sie noch immer nicht genug haben oder noch immer keine eigenen Ideen aus Ihnen heraussprudeln, machen Sie doch einmal folgendes kleine Experiment: Laden Sie Freunde oder Freundinnen zu sich nach Hause ein und veranstalten Sie eine kreative Back-Orgie. Backen Sie gemeinsam einen Kuchen, den Sie noch nie zuvor gebacken haben, und von dem Sie am Anfang noch nicht wissen, wie er am Ende aussieht, geschweige denn schmeckt. Benennen Sie ihn nach Ihrem Namen, wenn Sie Spaß daran haben. Oder denken Sie sich einen außergewöhnlichen Fantasienamen aus. Oder aber Sie nennen ihn schlicht und einfach „no name jam" oder „creative candy". Verändern Sie die Zutaten frei nach Ihrem Gusto, aber stellen Sie für alle Fälle den Feuerlöscher bereit. Natürlich müssen Sie statt Zucker nicht unbedingt Salz nehmen, aber etwas außergewöhnlich darf es ruhig sein (muß es aber nicht!). Wie wäre es beispielsweise mit Akazien- oder Thymianhonig? Oder Ahornsirup als Zuckerersatz?

          Kreativ-Idee 4:
Lama-Spuck-Kuchen

Zutaten für den Boden
150 g Butter
150 g Zucker
150 g Mehl

1 TL Backpulver
4 Eigelb

Zutaten für den Belag
1 Päckchen Tortenguß
500 g Kirschen, Weichseln oder Pflaumen (nach Geschmack)
8 EL Akazienhonig zum Bestreichen
Evtl. Sahne und/oder Schokoraspel

Zubereitung
1. Pflücken Sie Kirschen, Weichseln, Pflaumen, oder
   kaufen Sie die Früchte frisch vom Markt.
2. Backen Sie wie gewöhnlich einen Biskuit-Torten-
   boden, indem Sie Butter, Zucker, Mehl, Eigelb und
   das Backpulver kräftig vermischen. Backen Sie den
   Teig in einer runden Form (Durchmesser etwa 28
   Zentimeter) bei ca. 180 Grad 15–20 Minuten und
   lassen Sie ihn danach abkühlen.
3. Jetzt kommt der Gag: Verteilen Sie die Früchte
   nach Geschmack auf dem Tortenboden, jedoch ohne sie zu entkernen.
4. Bereiten Sie den Tortenguß laut Anleitung auf der
   Packung zu, und streichen Sie ihn über die Früchte. Nach dem Erkalten können Sie den fertigen Kuchen je nach Gusto mit Schlagsahne und/oder
   Schokoraspeln dekorieren.
5. Genießen Sie den Kuchen z.B. mit einem Apfel-
   wein oder vielleicht auch ganz banal mit einer Tas-
   se Kaffee, und spucken Sie dabei mit Ihren Freunden die Steine um die Wette (deshalb „Lama-
   Spuck-Kuchen"). Wer am weitesten spucken kann,
   ist Sieger und darf den nächsten kreativen Rezept-
   vorschlag machen (bzw. bei der nächsten „Back-
   Orgie" den Ehrenvorsitz übernehmen).
Weitere Möglichkeiten sind Fantakuchen, Irgendwas-
Streuselkuchen, Liebestörtchen, Champagnerkuchen,

Quarkkeulchen, Konfettibombe, Shepard's Pie, Schla-
mucki, Auflauf „Bettelmann" oder sonst irgend etwas. Ihrer Kreativität sind keine Grenzen gesetzt.

*Rezept und Idee nach: Christl Zirngiebl, Sauerlach bei
München.*

Weitere Vorschläge gefällig? Hier noch ein paar Vorschläge und Anregungen:
   Halten Sie sich gern in der freien Natur auf? Dann
schauen Sie bei Ihrem nächsten Spaziergang doch mal
etwas genauer hin als gewohnt. In der Natur ist nichts
streng geplant, hier entsteht Kreativität von ganz allein,
scheinbar zufällig. Sogar aus Schmutz oder Staub ent-
wickelt sich Leben: Kaulquappen, Einzeller, Spinnen-
tierchen! Ist das nicht faszinierend? Vielleicht können
Sie Tiere beobachten, die sich höchst einfallsreich an die
jeweilige Umwelt anpassen: ein Eichhörnchen, eine Ei-
dechse – von der Flunder oder der Scholle ganz zu
schweigen.
   Oder nehmen wir die Bäume, die uns aus Kohlendio-
xid (!) die Luft zum Atmen aufbereiten: Der Bergahorn
gilt durch seine geflügelten Blüten als der erfolgreichste
Pionierbaum auf offenem Gelände. In der Luft drehen
sich seine Früchte wie kleine Propeller und werden so
über größte Distanzen getragen. Oder die Borstenkie-
fer – eine geniale Überlebenskünstlerin; sie hat sich in
der Evolution immer wieder kreativ verwandelt und sage und schreibe 5 000 Jahre überlebt. Wenn ich im Frühling übers Land, durch blühende Felder und Wälder gehe, dann sehe ich, wie alles in der Natur den Weg zum
Licht sucht. Das kleinste Samenkörnchen im Dunkel der
Erde wächst zum Licht. Ein unglaubliches Wunder, an
dem wir selbst kreativ wachsen können.
   Apropos „Wunder der Natur"? Wußten Sie schon,
daß Tiere Wärme „sehen" und Bilder „hören", elektri-
sche und sogar magnetische Felder spüren können?

Oder haben Sie mal darüber nachgedacht, warum Vögel ein Gefieder haben? – Jedenfalls nicht nur zum Fliegen (das ginge auch ohne Federn!) oder als Kälteschutz. Nein: in erster Linie als Eiweißspeicher! Kreativität, nichts als Kreativität ... Und auch der Mensch ist ein Teil der Natur.

Noch einmal: Beim kreativen Nichtstun geht es überhaupt nicht darum, daß Sie sich mit verrückten oder außergewöhnlichen Aktionen vor sich selbst oder anderen „zum Affen machen" sollen, sondern daß Körper und Seele spielerisch relaxen und auftanken. Und das funktioniert eben am schnellsten über kreative Abwechslung. Wenn Sie ohnehin schon einen abwechslungsreichen Tagesablauf haben, brauchen Sie diese Dinge vielleicht gar nicht. Aber die allermeisten Menschen sind nun mal einseitig rational durch die linke Gehirnhälfte (über)beansprucht, so daß die emotionale rechte Hälfte zu verkümmern droht. Dagegen helfen solche nur auf den ersten Blick nutzlosen Aktivitäten hervorragend – beispielsweise auch die folgende Idee.

☞ **Kreativ-Idee 5:**
Abenteuer „Schatzsuche"

Erinnern Sie sich noch an früher, als Sie als Kind Abenteuer- und Seeräubergeschichten regelrecht verschlungen haben, weil es dort immer um wertvolle Schätze ging? Vielleicht läßt sich ja über den pädagogischen Wert solcher Bücher streiten, aber seien wir ehrlich: Haben diese Bücher von Enid Blyton und Robert Stevenson nicht auch Ihre Fantasie immer wieder angeregt?

Womit wir beim Thema wären: Wenigstens einmal in Ihrem Leben sollten Sie sich zum Spaß als Schatzsucher versuchen! Ich meine das absolut wörtlich. Davon haben Sie doch früher geträumt. Jetzt können Sie es wahr machen. Ob Sie tatsächlich einen Piraten-

schatz finden oder nicht, ist dabei völlig gleichgültig –
behalten dürften Sie ohnehin nur einen Teil davon.
Aber darauf kommt es gar nicht an. Es geht nur darum, die rechte (kreative) Gehirnhälfte einmal zu
ihrem Recht kommen zu lassen.

Bekanntlich gibt es noch immer viele wertvolle
Schätze zu entdecken, über die alte Karten existieren.
Nach Schätzungen von Experten warten allein in Europa rund 200.000 Zentner Gold, Silber und Juwelen
auf neue Besitzer – noch nicht eingerechnet die Tausenden von Wracks, die verstreut in den Weltmeeren
vor sich hindümpeln. Eine alte Schatzsucherweisheit
lautet: „What is lost – must be found." Frei übersetzt
heißt das: Alles, was verloren wurde, findet sich irgendwann wieder. So setzt beispielsweise das Tauchen
nach Unterwasserschätzen keineswegs aufwendige
Recherchen voraus. Schon durch etwas Nachdenken
kann man ergiebige Fundstellen ausmachen. Die besten Stellen, um nach Unterwasserschätzen zu tauchen, sind Flußbiegungen, Felsspalten, Altwasserar-
me, Inselgewässer und Seen, neben denen sich früher
Klöster befanden. Die Säkularisation im 19. Jahrhun-
dert führte dazu, daß kirchliche Wertgegenstände entweder verborgen wurden, um nicht in die falschen
Hände zu gelangen. Vieles davon verschwand in Ge-
wässern oder im Waldboden, wo es zum Teil noch
heute lagert. 1993 beispielsweise entdeckte ein besonders cleverer Schatzsucher nachts in einer Baugrube
ein Bronzegefäß im Wert von mehreren Millionen
Mark. 1995 entdeckten Hobby-Archäologen an einer
alten Wegezollstation 8.000 Silbermünzen aus dem
Dreißigjährigen Krieg. Diese „Erfolgsliste" ließe sich
noch sehr lange fortführen. In Deutschlands Feldern,
Wiesen und Vorgärten lagern noch immer Milliarden-
werte aus früheren Jahrhunderten.

Wie Sie an alte Schatzkarten herankommen oder
von gesunkenen Wracks erfahren? Ganz einfach: Stö-

bern Sie in der Nationalbibliothek oder im Staatsar-
chiv nach alter Seemannsliteratur und historischen
Tagebüchern berühmter Seefahrer. Sie finanzieren
diese Einrichtungen schließlich mit Ihren Steuern.
Warum sollten Sie nicht auch davon profitieren? Sie
werden staunen, wie viele Schatzkarten Sie finden
können. Machen Sie sich einen Spaß daraus, die eine
oder andere zu interpretieren. Was lesen Sie beispielsweise aus der alten Schatzkarte unten heraus?

Was bedeuten die Ziffern? Machen Sie sich in ein-
schlägiger Literatur schlau! Ein kleiner Tip: Es handelt sich hier um die Great-Salvage-Insel dicht vor der
nordwestafrikanischen Küste unweit von Teneriffa.
Der Pfeil bezeichnet die Bucht mit dem Schiffstresor.

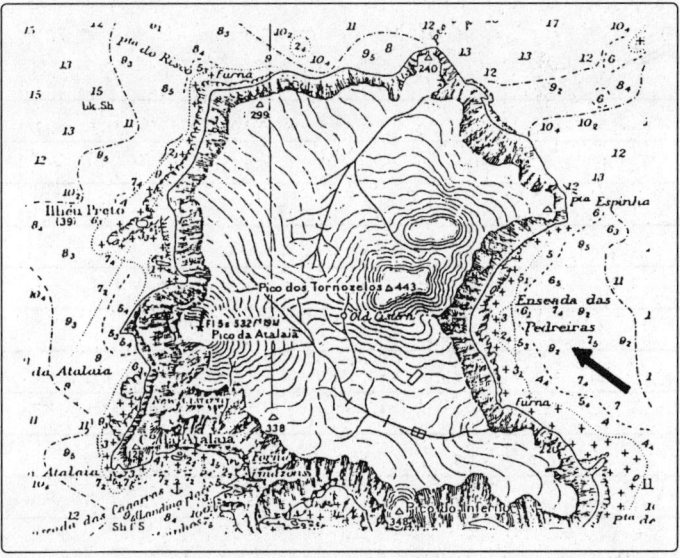

Karte der Great-Salvage-Insel. Der Pfeil bezeichnet die Bucht
mit dem Schiffstresor.

1958 brachen holländische und spanische Taucher im Hafen von Puerto de la Cruz zu einem Törn auf und fuhren in Richtung der Salvage-Inseln, um dort Fische zu harpunieren. Dabei entdeckte einer der Taucher künstliche Gebilde aus grünschimmerndem Metall, die sich als Kanonen entpuppten. Für die Glückspilze bestand kein Zweifel: Hier war offenbar ein Schiff gestrandet und von der Brandung zutrümmert worden. In den folgenden Tagen förderten sie mehrere Kisten mit Gold und Silber zutage.

Suchen Sie nach weiteren Schatzkarten! Bei dieser Gelegenheit können Sie gleich überlegen, was Sie auf eine einsame Südseeinsel mitnehmen würden.

Folgende Gegenstände würde ich auf eine einsame Insel mitnehmen:

_____

_____

_____

_____

_____

_____

_____

_____

_____

_____

_____

_____

Wenn Sie Ihr „Glück" nicht in der Ferne zu Wasser suchen wollen (dazu bräuchten Sie wenigstens eine Taucherausrüstung!), können Sie auch zu Lande fündig werden. Natürlich darf niemand blindwütig die städtischen Grünanlagen umgraben, bloß weil er aufgrund alter Aufzeichnungen, die er gefunden hat, darin einen Römerschatz vermutet. Aber in Ihrem Vorgarten können Sie jederzeit nach Herzenslust buddeln. Und auch die meisten Bauern haben nichts dagegen, wenn Sie auf ihren Feldern mit einem Spaten ein paar Meter tief schürfen wollen – vorausgesetzt natürlich, Sie schütten das Loch nachher wieder ordentlich zu.

Selbst wenn Sie nichts finden sollten, so haben Sie durch Ihren Bibliotheksgang möglicherweise neue literarische Vorlieben oder Interessen entdeckt. Das wäre doch auch schon etwas für den Anfang.

Oder probieren Sie einmal, beim nächsten Badeurlaub ein wenig zu tauchen und dabei den Wasserboden etwas genauer zu inspizieren. Flachwasserküsten sind wahre Goldgruben – hier finden sich nämlich zahlreiche Verlustgegenstände von Badegästen wieder. Es gibt Leute, die sich darauf spezialisiert haben, ihre Urlaubskasse auf ganz legale Weise erheblich aufzubessern, indem sie Armbänder, Ringe oder Ohrringe aus seichtem Wasser fischen. Einige basteln sich sogar kleine Detektoren, die Metalle aufspüren. Auch Badestrände und Liegewiesen heimischer Seen sind ideale Jagdgründe – hier lassen vergeßliche Zeitgenossen immer mal wieder etwas liegen.

Spezialtip: Viele süddeutsche und österreichische Seen dienten in den letzten Tagen des Zweiten Weltkrieges als Schatzkammern, wobei der Gedanke im Vordergrund stand, möglichst nichts den Alliierten in die Hände fallen zu lassen. Vor allem der Hintersee

(bei Berchtesgaden), der Hallstädter See, der Grundl-
see und der Toplitzsee (alle im Salzkammergut) lassen
hoffen, daß bald einmal große Teile des verschollenen
Reichsgoldes im Wert von 50 bis 70 Millionen Mark
in Gold auf dem Schlammgrund einer dieser Seen gefunden werden. Gegenwärtig werden diese Seen mit
Metalldetektoren, Sonargeräten und Magnetometern
Meter für Meter untersucht. Aber es gibt zweifellos
noch genug mögliche Fundstellen, an die bislang noch
niemand denkt ...

Alles kalter Kaffee, sagen Sie? Okay! Wenn Sie meine
Beispiele nicht inspirieren, denken Sie sich doch einfach
was anderes aus – es waren wie gesagt nur *einige* von un-
zähligen Möglichkeiten, die mir im stillen Kämmerlein
eingefallen sind, bzw. solche, die ich selber praktiziere.
Es kann ja auch schon reichen, sich einfach nur in die
Wiese zu legen, die Augen zu schließen und den Geräu-
schen um sich herum zu lauschen. Wenn Sie sich dafür
entscheiden, überhaupt etwas zu tun, dann halten Sie
sich vor Augen, daß Sie es ja nicht tun müssen, sondern
deshalb tun, weil es Ihnen Spaß machen soll. Sie wollen
nicht um jeden Preis ein bestimmtes Ziel erreichen.
Wenn aber sekundär nebenbei auch noch ein Zweck erfüllt wird, dann ist das optimal, sozusagen der Idealfall
des kreativen Nichtstuns. Allerdings sollte man es nie
darauf anlegen, sonst kann es rasch zum krampfhaften
Tun entarten. Und das wäre eher kontraproduktiv.
    Die Vorlieben von Menschen für ihre Freizeit sind
fast so verschieden wie die Menschen selbst. Darum habe ich hier eine Liste von möglichen kreativen Aktivitäten zusammengestellt. Natürlich ahnen Sie schon, daß
man diese Zusammenstellung auch als Ideensammlung
nutzen kann. Ich empfehle, die Liste zunächst einmal
daraufhin durchzuforsten, was Sie bisher in Ihrer Frei-
zeit tun. Kreuzen Sie diejenigen Tätigkeiten an, die Sie
zur Zeit schon ausüben bzw. die Sie zukünftig vielleicht
gerne ausüben möchten.

Eigene Gedanken:

Aktivität	Tue ich zur Zeit	Möchte ich demnächst (häufiger) tun
Spaziergänge, Wanderungen oder Radtouren		
Zeitungen/Zeitschriften lesen		
Meditieren		
Kreativ beten		
Ein Drehbuch schreiben/ einen Film drehen		
Fotografieren		
Basteln/Werken/Hand- arbeiten/Töpfern usw.		
Kreativ kochen		
Kreativ malen		
Kreativ musizieren		
Sportliche Betätigung (wie Joggen, Schwim- men usw.)		
Einfach nur ruhig da- sitzen und gar nichts tun/faulenzen		
Ein gutes Buch lesen		
In die Kirche/Kapelle gehen		
Auf den Friedhof gehen		
Ins Kino/Theater/Kon- zert/in die Oper/auf den Sportplatz gehen		

Aktivität	Tue ich zur Zeit	Möchte ich demnächst (häufiger) tun
Ausstellungen/Museen/Zoos besuchen		
Brieffreundschaften pflegen		
Freunde treffen		
Musik hören (ohne Nebenbeschäftigung)		
Fernsehen		
Gesellschaftsspiele machen		
Gartenarbeiten		
Eine Sammlung anlegen/pflegen		
Anderen Menschen helfen/meine Hilfe ernsthaft anbieten (nicht aufdrängen!)		
Mit fremden Menschen lachen und fröhlich sein		
Besuch nach Hause einladen		
Eine Kreativ-Party geben (ohne zu wissen, was dabei herauskommt)		
Über mich sprechen		
Anderen geduldig zuhören		
Gaststätten-, Café- oder Kneipenbesuch		

Aktivität	Tue ich zur Zeit	Möchte ich demnächst (häufiger) tun
Verreisen		
Anderen Menschen etwas Nettes sagen		
Einkaufsbummel		
Über mich nachdenken		
Gezielt Hobbies und Lieblingsbeschäftigungen pflegen		
(Neue) Ideen in die Tat umsetzen		

Die folgenden Zeilen sind für Ihre ganz speziellen Freizeitaktivitäten gedacht. Ergänzen Sie:

Aktivität	Tue ich zur Zeit	Möchte ich demnächst (häufiger) tun

Rezept gegen den Freizeitstreß

Laut einer 1996 durchgeführten „Emnid"-Umfrage langweilen sich 64 Prozent der Deutschen am Sonntag zu Tode, weil sie nichts mit sich anzufangen wissen. Das scheint nicht verwunderlich: Viele Menschen sind werktags in unpersönlichen Hochleistungsberufen völlig einseitig ausgelastet. Wenn sie am Wochenende plötzlich zum Nichtstun „verurteilt" sind und die schöpferische, emotionale Gehirnhälfte zu ihrem Recht kommen will, haben sie damit verständlicherweise Probleme. Beinahe zwangsläufig macht sich dann Langeweile breit, weil sie nicht wissen, was sie tun sollen. Einige von ihnen dröhnen sich dann die Ohren in der Disco voll, gehen zum Bungee-Jumpen, zum Wakeboarding oder zum Canyoning, wofür sie wahrscheinlich viel Geld lockermachen müssen. Verstehen Sie mich richtig: Auch das kann Spaß machen und ist unter Umständen sogar durchaus kreativ! Aber was ist der „Preis" dafür? Läßt sich prickelndes Vergnügen nicht auch viel einfacher erleben, indem man einfach versucht, die wahrhaft faszinierenden Dinge zu sehen, die praktisch vor einem auf der Straße, im Wasser, in der Wiese oder im Wald liegen? Weniger kann tatsächlich (manchmal) mehr sein.

Wie viele unserer „Ausgleichs"- und „Entspannungs"-Aktivitäten arten regelmäßig in Arbeit aus? So sollen die Menschen früher einmal tatsächlich Tennis oder Fußball ganz einfach nur „gespielt" haben – aus reinem Spaß an der Freude. Heute dagegen *arbeiten* wir beim Tennis am Aufschlag oder beim Fußball an der Kondition: die Leistung steht sehr viel stärker im Mittelpunkt unserer Freizeitaktivitäten als Spiel-Freude. Hinzu kommt ein ausgeprägter Gruppenzwang, etwa bezüglich des Outfits und der jeweiligen Ausrüstung immer auf dem neuesten Stand sein zu müssen.

Paul Rosch, der Präsident des *American Institute of Stress in New York*, trifft mit folgender Bemerkung meiner Meinung nach ins Schwarze: „Die unaufhaltsam erscheinende Entwicklung zum Freizeitstreß läßt sich am Beispiel des Golfspielers verdeutlichen. Was einmal als wahre Freizeitgestaltung begann – die Möglichkeit, allein oder mit Freunden in der Natur einen unbeschwerten Tag zu verbringen –, ist heute zu einem Streß-Unternehmen verkommen: Golf ist für die meisten nur ein weiteres Datum im Terminkalender, bei dem viele auf überfüllten Plätzen hektisch in ihren Motorwagen von Loch zu Loch hetzen, nebenbei mit dem Handy Geschäftsgespräche führen und sich dabei mehr oder weniger unter dauerndem Leistungsdruck setzen, ein besseres Ergebnis zu erreichen.“

Der Golf-Streß ist nur ein beliebiger Platzhalter. Aber es ist doch auffällig, daß es uns heute oft nicht mehr um „Frei-Zeit" als Möglichkeit der Entspannung, Erholung und Muße geht, sondern darum, aus den 24 Stunden das Maximum herauszuholen. Viele fragen sich beispielsweise ernsthaft: Kann ich es mir leisten anzuhalten, um einen Sonnenuntergang anzuschauen? Läßt das überhaupt mein Terminkalender zu? Der New Yorker Sozialwissenschaftler und Epidemiologe Jim Spring stellte kürzlich die These auf, daß der Freizeitstreß in den westlichen Industrienationen epidemische Ausmaße angenommen hat – vor allem deswegen, weil die meisten versuchen, „ihre freie Zeit genauso zu managen wie ihre Arbeitszeit".

Dies kann jedoch auf Dauer nicht gut gehen – nicht nur gesundheitlich. Wer Freizeit nicht in ihrem ursprünglichen Sinne als Freiheit und Muße versteht und sich nicht gelegentlich gestattet, auf der faulen Haut zu

liegen bzw. „nichts" tun zu dürfen – außer Tagträumen
nachzugehen oder ziellos zu handeln –, ist nie ganz entspannt. Verschiedene Arten der Meditation, wie ich sie
auf den folgenden Seiten kurz beschreibe, können eine
vorzügliche Entspannungshilfe sein – womit wir beim
nächsten Punkt wären.

Meditieren – oder: mit Pfiff relaxen ...

Warum Meditieren? Ganz einfach: Meditation weckt
Fantasie und schöpferisches Denken in uns. Umgekehrt
kann aber auch kreatives Tun, z.B. Ton formen, Malen
mit und ohne Musik, zu meditativen Erfahrungen
führen.

Viele Menschen, die mit Religion nichts zu tun haben
(wollen), schrecken vor Meditation zurück, weil sie meinen, sich damit auf eine religiöse Ebene zu begeben –
das wollen sie nicht, vielleicht weil sie schlechte Erfahrungen mit Seelsorgern gemacht haben und/oder die
Kirche ablehnen. Daß Meditation etwas Religiöses ist,
stimmt aber nur zum Teil. Viele Menschen, die erstmals
zu einem Meditationskurs kommen, suchen keineswegs
Gotteserfahrung, sondern nur Ruhe, Stille und Zu-sich-
selber-Kommen. In der Meditation geht es in erster Linie um die Akzeptanz des eigenen Körpers.

Man kann in verschiedenen Körperhaltungen meditieren: im Gehen, Stehen und Liegen. Die innere Haltung soll eine aufrichtige, offene und suchende sein, zu-
gleich bereit, sich der Wirklichkeit zu stellen.

Wissenschaftler haben experimentell nachgewiesen,
daß die durch Meditation erzielte Entlastung des vegetativen Nervensystems viel effektiver und nachhaltiger
sein kann als eine durch Medikamente künstlich herbei-
geführte Entspannung. So ermöglicht z.B. die Naturmeditation eine hervorragende Entspannung von Körper,
Geist und Seele.

Jeder kennt die beruhigende Wirkung, die von einer Blumenwiese ausgehen kann, wenn man sie längere Zeit betrachtet, sie einfach auf sich wirken läßt, wenn man absichtslos in sie „eintaucht", sich selbst als Teil von ihr begreift. Solche Vorstellungen wirken wie Balsam auf das Gemüt. Indem wir die fantastische Vielfalt bunter Farben auf einer sonnenüberfluteten Blumenwiese in uns aufsaugen, lernen wir ganz automatisch, tiefer zu blicken, hinter die Hülle zu schauen. Sobald wir anfangen, durch Oberflächen hindurchzusehen, tauchen wir in neue Dimensionen ein: in die Welt der Fantasie und der Farben in uns selbst.

Viele Psychologen und Seelsorger raten, täglich mindestens eine Viertelstunde der vollkommenen Ruhe zu pflegen. Auch moderne Manager profitieren hiervon.

Peter Springer ist Inhaber einer der größten Werbeagenturen Deutschlands. Zu seinen Kunden zählen die ersten Adressen in Europa. Springer gilt in der Branche als unkonventioneller, nimmermüder Motivationskünstler und Meister der kreativen Idee. Ich fragte ihn nach einem gemeinsamen Fernsehauftritt, wie er sich seinen Erfolg erkläre. Seine Antwort war ebenso simpel wie plausibel: „Die Leute müssen sich in einem Werbespot sofort wiederfinden können und sich spontan mit ihm identifizieren. Die guten Ideen liegen buchstäblich auf der Straße. Aber die meisten hetzen darüber hinweg und bemerken sie nicht. Sie zu sehen zeichnet den guten Werber aus. Alles und jedes kann eine Idee sein. Ich staune selbst immer wieder darüber. Um aber auf diese Dinge aufmerksam zu werden, brauche ich gelegentliche Abschaltphasen, in denen ich völlig zweckfrei lebe und nichts Bestimmtes tue. Ich muß mich zurückziehen und auch die ganz wilden Fantasien in aller Ruhe zulassen. Dann kommt am ehesten etwas Brauchbares heraus." Springer betonte dabei vor allem die Worte „in aller Ruhe".

Pater Anselm Bilgri, Deutschlands vielleicht bekanntester Benediktiner-Mönch, managt als Prior das Kloster Andechs bei München, wo jährlich über eine Million Besucher für einen großen Umsatz sorgen. Zum „Imperium" gehören mehrere Ländereien, eine Brauerei mit Gastronomie, eine Molkerei, zahlreiche weitere Wirtschaftsbetriebe und ein modernes Bildungs- und Kunstzentrum. Es vergeht kein Tag, an dem er nicht zu irgendeinem Interview oder zu einer Konferenz gebeten wird. Er erklärte mir, wie er es schafft, weltliches Management und klösterliche Ruhe in Einklang zu bringen: „Wenn ich morgens aufwache und auf die Termine schaue, die ich tagsüber habe, graut es mir manchmal. Das erste, was ich dann mache, ist, daß ich für einige Zeit gar nichts tue. Dann irgendwann bitte ich Gott, daß er mein Handeln diesen Tag gut leiten möge. Meine Kraft schöpfe ich aus regelmäßigen Pausen in den Gebetszeiten. Ohne sie hätte ich nur die halbe Energie."

Deshalb: Haben wir keine (unbewußte) Angst vor gelegentlichem Nichtstun. Die Zeit, die man dafür braucht, ist vortrefflich investiert. Die Ideen und Inspirationen, die wir zum Arbeiten und Entscheiden brauchen, sprudeln nachher um so ergiebiger. Die wissenschaftliche Erklärung für dieses Phänomen lautet folgendermaßen: Die beiden Gehirnhälften funktionieren nach der kreativen Abschaltphase wieder im Einklang und ermöglichen geballte Leistung.

Der Erfolg jeder Meditation hängt vor allem davon ab, ob es gelingt, ruhig zu werden und sich zu sammeln – hierin liegt gleichzeitig auch die größte Schwierigkeit. Sammeln kann man sich auf ganz unterschiedliche Weise. Eine bewährte Methode ist die Naturmeditation.

Kreativ-Tip: Gehen Sie in einen Wald, und betrachten Sie einmal in aller Ruhe die runde Scheibe eines Baumstammes. Die Jahresringe können uns an unsere Lebensjahre erinnern. Von der Rinde können Sie Jahr um Jahr zum Zentrum, zum Ursprung des Lebens dieses Baumes gelangen. So können Sie auch Ihr eigenes Leben betrachten, und prompt werden viele Dinge, die uns tagtäglich so wesentlich erscheinen, plötzlich ziemlich unwichtig. Sie fragen nach dem Woher und Wohin, nach dem Sinn und Ziel Ihres Lebens: Was ist aus mir geworden? Was ist mein Kern? Meine Mitte? Mein Holz? Meine Rinde? Wer bin ich?

Sie verweilen vor dem Bild, bereit, auch Ihre Wirklichkeit und Ihre Jahre anzunehmen, und bereit, weiter zu wachsen und zu reifen.

✎ *Eigene Gedanken:*

_____

_____

_____

_____

_____

_____

_____

_____

Ähnlich sinnstiftende, entspannende Meditationsformen sind die Malmeditation (z.B. inspiratorisches, unbewußtes „Tanzenlassen" des Malstiftes), die Musikmeditation oder die Bild- und Symbolmeditation (z.B. einen Kunstholzschnitt auf sich „wirken" lassen).

Grundsätzlich kann alles, am besten aber Bilder, Symbole, Kunstwerke, „Gegenstand" der Meditation sein. Sogar die flackernde Flamme einer Kerze.

Ich stelle mir beispielsweise das Bild eines Baumes oder einer Blume vor Augen. Ich kann auch ein Lied, Gebet oder sogar ein Bibelwort wählen. Man läßt Gedanken kommen, die von diesem Gegenstand ausgelöst werden, und kann dabei verweilen. Gedanken, die nicht dazugehören, geht man nicht nach.

☞ **Kreativ-Idee 6:
Entspannungsmeditation**

1. Setzen Sie sich etwas nach vorn gerückt auf einen kleinen Hocker oder Stuhl (Polstersessel sind ungeeignet, da sie zum Erschlaffen verleiten und ein gerades Sitzen bzw. ein gutes Körperbewußtsein erschweren). Lehnen Sie sich nicht an, die Füße stehen gerade auf dem Boden. Wichtig ist, daß der Körper aufrecht ist. Lassen Sie die Schultern frei und gelöst. Eine weitere Möglichkeit ist der Sitz auf den Fersen.
2. Legen Sie die Hände in den Schoß. Die linke Hand liegt in der geöffneten rechten Hand, und die Daumen berühren sich leicht (siehe Abbildung).

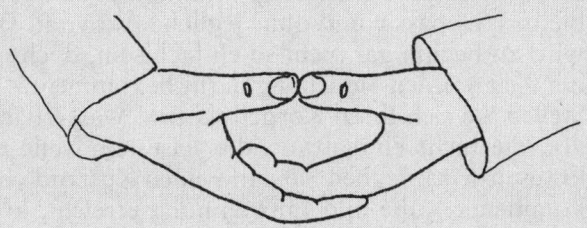

3. Im Unterschied zur Besinnung oder Betrachtung wird in der Meditation nicht „nachgedacht", nichts aktiv gedacht. Statt dessen nehme ich aufmerksam meine Gedanken, die von selbst kommen, wahr. Diese Gedanken – was immer es auch sein mag – stelle ich zur Seite, wie ein Ding, das mich jetzt während der Meditation nicht interessiert.

4. In der nach und nach eintretenden Stille kommen viele Gedanken hoch, manches lang Verdrängte wird wach. Thomas Carlyle sagte: „In der Stille reifen die großen Dinge." Überlassen Sie sich ganz und gar Ihrer Stille. Sitzen Sie absolut ruhig, vermeiden Sie, hin- und herzurutschen. In der Meditation wird nicht nur allmählich der Körper still, sondern es kommt ein innerer Klärungsprozeß in Gang.

Falls Ihnen das zu abstrakt ist, probieren Sie eine andere Übung:

Alternativ-Übung:

1. Gehen Sie an den stillsten Ort, den Sie finden können, und verharren Sie dort liegend oder sitzend in absoluter Ruhe. Nicht sprechen, nicht schreiben, nicht lesen.

2. Denken Sie so wenig wie möglich, versuchen Sie, Ihren Geist ganz unbeteiligt und neutral zu lassen, bleiben Sie passiv und ohne jegliche Aktivität. Das wird zu Beginn gar nicht so einfach sein, doch mit der Zeit werden Sie Übung darin bekommen.

3. Stellen Sie sich Ihren Körper als eine Wasserfläche vor, die nicht einmal von der leisesten Welle gekräuselt wird. Haben Sie dann einen Zustand vollkommener Ruhe und Entspannung erreicht, können Sie auf Ihre innere Stimme lauschen, auf die Klänge der Harmonie und des Friedens, die Sie im Lärm des Alltags nicht erreichen können.

Nochmal: Gute Meditation hat zwei positive Auswirkungen.

Die *erste positive Auswirkung* liegt darin, daß man sich körperlich und psychisch schneller erholt. Im Zustand der Entkrampfung und Entspannung arbeiten alle Funktionen im Menschen besser. Gute Meditation ist kein Selbstzweck, sondern steht im Dienst der schöpferischen Neugestaltung des Lebens.

Die *zweite positive Auswirkung* liegt in der Mobilisierung spontaner schöpferischer Kräfte. Wirklich originelle Ideen, d.h. solche, die keine Reproduktion des schon einmal Wahrgenommenen sind, sondern etwas ganz Neues enthalten oder sogar so neu sind, daß sie vorher noch kein Mensch gedacht hat, entstehen im Unterbewußten. Sie treten als Inspirationen oder Einfälle schon fertig ins Bewußtsein. Die eigentlichen schöpferischen Kräfte des Menschen liegen in seinem Unterbewußten, arbeiten nicht auf Befehl, gehorchen nicht dem Willen; sie werden umgekehrt am besten im Zustand der Ruhe und Entspannung durch die Ausschaltung des Ichs aktiviert. Wenn man nichts sucht, sich nicht bemüht, nicht unbedingt etwas erreichen will, sondern sich innerlich frei dem Strom der Assoziationen ausliefert, sich losläßt, sich aufgibt, kommen einem die wertvollsten Einfälle. Im Bereich des religiösen Lebens sind diese originellen Ideen als Erleuchtungen, Eingebungen bekannt. Die Mystiker sprechen von der „via illuminativa" (Weg der Erleuchtung). Solch inneres Licht bekommt der Mensch am ehesten durch Meditation. Es müssen keine weltbewegenden Offenbarungen sein. Meistens handelt es sich vielmehr um eine neue Sicht der Dinge, ein neues Verstehen irgendeines Aspektes der persönlichen Lebenssituation.

Vertrauen Sie auf eine höhere Macht

Eine der sinnvollsten kreativen Beschäftigungen, die ich kenne, ist Beten. Ich verstehe darunter aber nicht das, was die meisten Menschen unter Beten verstehen. Beten, so habe ich gelernt, sei Sprechen mit Gott. Das ist natürlich nicht falsch, aber doch auch sehr mager, wenn wir uns darauf begrenzen, daß Beten bloß „Sprechen" sei. Denn wenn das so wäre – und nur so –, dann verstehe ich sehr gut, daß viele Menschen nicht zurechtkommen mit dem Beten, nichts spüren, keine Veränderung fühlen, keine Antwort Gottes zu hören glauben.

Meine Überzeugung ist folgende: Wenn wir arbeiten, arbeiten *wir*. Wenn wir beten, arbeitet *Gott* (oder jenes höhere Wesen, welches wir verehren) für uns. Für mich ist Beten deshalb auch *hören*. Hören darauf, ob mir eine höhere Macht vielleicht etwas mitteilen will.

Natürlich spricht Gott – so bezeichne ich der Einfachheit halber die höhere Macht, an die ich glaube – nicht so, wie wir Menschen miteinander sprechen. Gott spricht anders. Beispielsweise lese ich ein Buch, und Gott spricht zu mir durch dieses Buch. Ich betrachte eine Landschaft, und Gott hat diese Landschaft mir zur Freude oder zum Zeichen geschaffen. Bei dem Bild, das ich anschaue, wurde der Maler durch ihn inspiriert. Alles, was mich erfreut, wurde mir liebevoll (auch) von Gott geschenkt, damit ich es genieße und mich dadurch von ihm gleichsam „angesprochen" weiß. Um diese Sprache zu verstehen, muß ich still werden, sensibel und hellhörig. Wer immer nur gestreßt von Termin zu Termin jagt, hat kaum eine Chance, diese „Sprache" zu vernehmen.

Beim kreativen Beten sollte es nicht darum gehen, daß ich ein höheres Wesen vor den Karren meiner Wünsche spanne; nicht darum, daß sich die schlimmen Situationen um mich herum ändern, sondern daß *ich* mich ändere (die Situationen ändern sich dann manchmal ganz von selbst – gleichsam als „Nebenwirkung").

Kreatives Beten verwandelt nicht immer die Situation, auf jeden Fall aber den Beter. Kreatives Beten kreist nicht immer nur um die eigene Person, sondern bezieht immer auch andere Personen mit ein.

> **Kreativ-Tip:** Entscheidend ist eine vertrauensvolle Haltung, die darin besteht, daß ich dem höheren Wesen, welches ich anrufe, auch *zutraue*, daß es etwas verändern kann, so daß es sich für mich letztlich zum Positiven wendet.

Vertrauen hilft bei der Überwindung von Schwierigkeiten und Problemen des täglichen Lebens. Ich bin davon überzeugt, daß eine der machtvollsten geistigen Konzeptionen darin besteht zu glauben, daß wir als Menschen in einen göttlichen Heilsplan einbezogen sind. Die „erfolgversprechendsten" Grundhaltungen des kreativen Betens sind demnach: Vertrauen, Dankbarkeit und der Wille zur Versöhnung mit sich und der Umwelt. Lassen Sie sich vom Vertrauen leiten.

Die folgende „Gebetsanleitung" stammt von dem eher unbekannten Heiligen Antonius Maria Claret (1807–1870). Obwohl bereits über hundert Jahre alt, wird hier sehr gut deutlich, was kreatives Beten sein kann. Zwar stehe ich schematisch strukturierten Gebetsanleitungen eher kritisch gegenüber, aber diese halte ich für überaus gelungen, auch deshalb, weil sie unkonventionell aufgebaut und trotz ihres Alters hochaktuell ist. Teilweise wirkt sie ein wenig naiv, ohne jedoch tatsächlich naiv zu sein. Gerade für moderne Menschen kann sie recht nützlich sein, weil sie den Menschen nicht sich selbst genießen lassen, sondern zur Begegnung mit einem höheren Wesen bringen will und den selbstkritischen Beter zur Ehrlichkeit und Authentizität zwingt. Sie erfüllt nahezu die Funktion psychoanalytischer Methoden. Denn Antonius Claret läßt hier das höhere Wesen selbst zum Beter sprechen. In diesem kreativen Gebet atmet die Seele. Das kreative Gebet nimmt etwa fünfzehn Minuten in Anspruch.

Kreativ-Idee 7:
Beten – einmal ganz anders

1. Mußt du mich für jemanden um etwas bitten?

✓ Nenne mir seinen Namen und sage mir dann, was du möchtest, das ich für ihn tun soll.

✓ Erbitte viel – zögere nicht zu bitten.

✓ Sprich zu mir auch einfach von den Menschen, die du trösten willst, von den Kranken, die du leiden siehst, von den Ungerechten, die du sehnlichst auf den rechten Weg zurückwünschst.

✓ Nenne mir für alle wenigstens ein Wort.

✎ *Ihr eigenes kreatives Gebet:*

_____

_____

_____

_____

2. Und für dich, brauchst du für dich nicht irgendeine Gnade?

✓ Mache mir, wenn du möchtest, eine Art Liste mit allem, was du brauchst, und lies sie in meiner Gegenwart.

✓ Sage mir offen, daß du vielleicht manchmal selbstsüchtig, unbeständig, nachlässig bist ... und bitte mich dann, dir zu Hilfe zu kommen bei den wenigen oder vielen Anstrengungen, die du machst, um davon loszukommen.

✓ Es gibt viele Heilige, die genau die gleichen Fehler machten. Aber sie baten demütig ... und nach und nach sahen sie sich frei davon.

✓ Und zögere auch nicht, um Gesundheit sowie um einen glücklichen Ausgang deiner Arbeiten, Geschäfte oder Studien zu bitten.

✓ All das kann ich dir geben und gebe ich dir.

✓ Was brauchst du gerade heute?

✓ Was kann ich jetzt für dich tun?

✎ *Ihr eigenes kreatives Gebet:*

_____

_____

_____

_____

_____

_____

_____

3. Trägst du gerade einen Plan oder eine Sorge mit dir herum?

✓ Erzähle mir davon. Was beschäftigt dich? Was denkst du? Was wünschst du?

✓ Was kann ich für deinen Bruder tun, was für deine Schwester, deine Freunde, deine Familie, deine Vorgesetzten, deine Kollegen? Was möchtest du für sie tun?

✓ Sage mir: Was weckt heute besonders deine Aufmerksamkeit? Was wünschst du Dir ganz sehnlich? Über welche Mittel verfügst du, um es zu erreichen?

✎ *Ihr eigenes kreatives Gebet:*

_____

_____

_____

_____

_____

_____

_____

_____

_____

_____

_____

_____

4. Fühlst du dich vielleicht traurig oder schlecht gelaunt?

✓ Erzähle mir in allen Einzelheiten, was dich traurig macht
✓ Wer hat dich verletzt?
✓ Wer hat deine Selbstliebe beleidigt?
✓ Hast du vor etwas oder jemandem Angst?
✓ Verspürst du Abneigung gegen Menschen?

✎ *Ihr eigenes kreatives Gebet:*

_____

_____

_____

_____

_____

_____

_____

_____

_____

_____

_____

_____

_____

_____

_____

Neun Grundregeln für kreatives Beten

1. Vorformulierte Gebete taugen nicht zum schöpferischen Beten.

2. Kreatives Beten ist grundsätzlich jederzeit, in jeder Situation und an jedem Ort möglich (Kurzgebet). Allerdings braucht ein kreatives Gebet innere und äußere Sammlung. Ich suche daher nach Möglichkeit immer einen ruhigen Ort auf.

3. Kreatives Beten geschieht nicht nur durch Reden, sondern auch im Hinhören.

4. Kreatives Beten beginnt stets mit Schweigen und Stillwerden – und mündet auch wieder ins schweigende Verweilen. In dem Maße, wie ich lerne, still zu werden, entdecke ich, wie Gott zu mir „spricht".

5. Ich trage nicht nur eigene Gedanken, Sorgen und Nöte ins kreative Gebet, sondern denke auch an die Anliegen anderer Menschen, die mir nahestehen.

6. Ich denke daran, besonders für Menschen zu beten, mit denen ich Probleme habe oder die mir Unangenehmes angetan, mich verletzt haben. Gram, Bitterkeit und Rachegedanken haben im kreativen Gebet nichts zu suchen.

7. Ich halte negative, düstere Gedanken grundsätzlich aus meinen Gebeten fern und bemühe mich, jeden dieser Gedanken durch einen positiven zu ersetzen.

8. Wenn meine Gedanken häufig abschweifen, habe ich Geduld mit mir, sammle mich und überlasse mich meinem kreativen Gebet, wie ich bin.

9. Ich vertraue darauf, daß Gott am besten weiß, was für mich gut ist. Ich gebe mir daher immer wieder den Rat, auf Gottes Führung zu vertrauen. Ich bitte um die Fähigkeit, stets mein Bestes zu geben; den Rest überlasse ich Gott. Ich schließe daher jedes kreative Gebet mit den Worten (oder ähnlich): „Du kennst jetzt mein Anliegen. Es ist mir sehr wichtig. Doch nicht mein Wille geschehe, sondern der deine. Ich vertraue auf dich."

Sie sollen jetzt nicht versuchen, um jeden Preis Meditations-Mönch zu werden oder gar Offenbarungen erleben, aber wenn es uns öfter gelänge, komplett abzuschalten und innerlich frei zu werden für neue Wünsche, Ideen und Ziele, wäre das ein wichtiger Schritt in Richtung bewußtes Relaxen. Wenn dieser „Weg der Stille" nicht so gut zu Ihnen paßt, probieren Sie einfach eine andere Methode aus, um aufzutanken: emotionales (wohlgemerkt: nicht rationales!) Gehirnjogging!

Betreiben Sie kreatives „Gehirnjogging"

Wußten Sie, daß wir im täglichen Leben gerade mal durchschnittlich ein einziges lächerliches Prozent unserer Gedächtnisfunktionen nutzen? Unser Gehirn besteht aber aus der schier unvorstellbaren Zahl von mindestens 100.000.000.000 Nervenzellen, den Neuronen, die gefordert werden wollen. Das ist zwanzigmal so viel wie die momentane Anzahl der Weltbevölkerung! Jedes Neuron weist über 1.000 Verbindungen zu anderen Nervenzellen auf. Würde man die Länge aller dieser Verbindungsäste addieren, käme man bei vorsichtiger Schätzung auf die schier unglaubliche Strecke von zehn Millionen Kilometern. Das entspräche einem Telefonkabel mit mehr als der dreifachen Entfernung von der Erde zum Mond, und zwar aufgewickelt in unserem Gehirn!

Mit Geist und Gedächtnis ist es wie mit der Muskulatur. Wird diese einige Tage überhaupt nicht gefordert, nimmt sie ab. Wenn wir unser Gehirn mit seinen Möglichkeiten nicht fordern oder aber einseitig rational fordern, läßt es ebenfalls in seiner kreativen Leistungsfähigkeit nach.

Bekanntlich gibt es viele Möglichkeiten, das Gedächtnis zu trainieren. So kann man konventionelles Gehirnjogging betreiben, wie es von der Deutschen Gesellschaft für Gehirnforschung vorgeschlagen und oft in Zeitschriften beschrieben wird. Dieses ist aber nur für solche Personen empfehlenswert, die intellektuell nicht ausgelastet sind, denn es wird hier nur ein bestimmter Teil des Gehirns, nämlich der kognitive Bereich, geschult. Wenn Sie diesbezüglich jedoch kein Defizit haben und statt dessen speziell auf der emotional-kreativen Ebene weiterkommen wollen, kommt für Sie eher eine „inoffizielle" Variante des Gehirnjoggings in Frage. Testen Sie dazu einen der folgenden Vorschläge:

Kreativ-Idee 8:
Eine Geschichte schreiben

Schreiben Sie aus mehreren Wörtern eine Geschichte oder ein Gedicht. Versuchen Sie, die folgenden Begriffe in eine kleine, selbsterfundene Geschichte zu betten: *Kinder, Kreativität, Malen, Erwachsene, spielen, staunen, Idee(n), fantastisch(e), Leben, Spaß, Sonne, Skifahren, Stadion, Olympiade, Antenne.*

„Ihre" Geschichte:

_____

_____

_____

_____

_____

_____

_____

_____

_____

_____

_____

Variante: Wenn Sie Spaß daran haben, können Sie auch selbst Begriffe für eine neue Geschichte zusammenstellen (oder eine andere Person für sich auswählen lassen) – auch solche, die scheinbar überhaupt nicht zusammenpassen. Um so mehr wird dann Ihre Kreativität gefordert und geschärft.

Kreativ-Idee 9:
Eine Wortkette bilden

Bilden Sie eine Wortkette, beginnend mit einem einzelnen Wort, z.B. „Sonne". Welches Wort assoziieren Sie mit „Sonne"? – Schreiben Sie es darunter. Welches Wort assoziieren Sie mit diesem neuen Wort? ... Und so weiter. Sie können dieses Spiel so lange treiben, wie Sie wollen – bis hin zur völligen geistigen Erschöpfung. Besonders viel Spaß macht es natürlich zu zweit (oder noch mehr Personen).

„Sonne"	„Winter"	„Hoffnung"

Kreativ-Idee 10:
Eine Melodie komponieren

Komponieren Sie aus mehreren Tönen ein Lied, „Ihr" Lied. Für dieses Spiel ist es nicht unbedingt nötig, daß Sie ein Instrument spielen. Sie können Ihr Lied genausogut mit verschiedenen Gläsern (die alle unterschiedliche Töne haben, wenn Sie sie mit dem Löffel anschlagen), Töpfen, Topfdeckeln usw. spielen. Wichtig ist, daß Sie – nach einer gewissen „Warm-up"-Phase – nicht einfach nur wild herumklimpern, sondern sich um eine geordnete Tonfolge bemühen, die Ihre Melodie werden soll. Ob diese harmonisch oder atonal klingt, spielt keine Rolle. Wichtig ist nur, daß Sie die Reihenfolge und Länge der Töne beibehalten, damit eine gewisse Struktur feststellbar ist (Trainingseffekt!). Wenn Sie Spaß daran haben, nehmen Sie Ihr Opus auf Kassette oder Tonband auf, und spielen Sie es sich in ein paar Wochen nochmal vor. Dann werden Sie vielleicht Lust dazu verspüren, Ihre Melodie zu variieren. Falls nicht, haben Sie vielleicht in ein paar Jahren urplötzlich wieder Lust dazu.

☞   **Kreativ-Idee 11:
Persönliche Begegnung mit
einem Gedicht**

Wissen Sie noch, wann Sie Ihr letztes Gedicht gelesen haben? Vielleicht war es in Ihrer Schulzeit, und vielleicht sind Ihnen damals die Gedichtinterpretationen, die Sie schreiben mußten, zu den Ohren herausgequollen. Oder das Auswendiglernen schlechter Gedichte hat es Ihnen verleidet, jemals wieder ein (gutes) Gedicht zu lesen?

Vergessen Sie einen Moment lang alles, was Sie über Gedichtinterpretation gelernt haben: Versmaß, Reimart, Strophentyp und andere formale Strukturen sind für diese Kreativ-Idee völlig unwichtig. Kein Dichter hat auch nur eines seiner Gedichte in der Absicht geschrieben, damit andere es analysieren und formal in seine Einzelteile zerlegen, sondern um Menschen zu erfreuen, um ihre schöpferischen Kräfte anzuregen und ihre Fantasie zu schärfen.

Sie lesen also ein Gedicht Ihrer Wahl, lassen das Ganze auf sich wirken und stellen sich die geschilder-

te Szene oder Situation in der Fantasie bildlich möglichst konkret vor (Landschaft, Farben). Lassen Sie
die Szene in sich so lebendig wie möglich werden. Sie
selbst sind ein Teil der Szene oder der Landschaft, Sie
mischen sich gleichsam unter die Beteiligten. Sie werden selbst zur Hauptperson, falls Sie das möchten.
Hier ein Vorschlag:

Besorgen Sie sich beispielsweise aus einer Leihbüche-
rei folgenden Titel: Hermann Hesse: Bäume, Suhr-
kamp Verlag, Frankfurt 1952, und lesen Sie das Gedicht „Im Schloß Berngarten" daraus.

Statt dieses Vorschlags können Sie auch jedes andere
beliebige Gedicht nehmen. Mit folgenden Leitfragen
könnten Sie sich einem Gedicht emotional nähern:

✓ Was steht in diesem Gedicht eigentlich, was ist sein
  Inhalt, worum geht es?
✓ Was ist die Kernaussage, der springende Punkt?
✓ Welche Wörter, Begriffe oder sonstigen Angaben
  haben für mich eine besondere Bedeutung („Schlüs-
  selwörter")?
✓ Gibt es heute Situationen, die der damaligen entsprechen?
✓ Welche Gefühle löst das Gelesene in mir aus?
✓ Habe ich etwas Ähnliches schon einmal erlebt? Wo
  waren Unterschiede, wo Gemeinsamkeiten zu dem
  von mir Erlebten?
✓ Welche Impulse für meine Lebenseinstellung, für
  mein Verhalten, für mein Denken ergeben sich aus
  dem Gedicht?

✐ *Eigene Gedanken:*

_____

_____

_____

_____

_____

_____

_____

_____

_____

_____

_____

_____

_____

_____

_____

_____

_____

_____

_____

_____

_____

_____

_____

_____

_____

3. Kapitel:
Werden Sie Ihr eigener Regisseur

Viele Menschen schwärmen für spannende Kinofilme mit hervorragenden Schauspielern und filmtechnischen Kunstkniffen. Vielleicht haben Sie schon einmal davon geträumt, einen eigenen Spielfilm zu drehen, in dem Sie die Hauptrolle spielen und der Star sind!

In diesem Moment, wo Sie diese Zeilen lesen, ist dieser Traum genaugenommen bereits Realität. Sie drehen nämlich jeden Tag – jede Stunde, jede Minute – Ihren eigenen Film, nämlich Ihre Autobiografie. Möglicherweise sind Sie sich dessen nur nicht deutlich bewußt! Jeder Mensch ist gleichermaßen Regisseur, Hauptdarsteller und Kameramann in seinem eigenen Film. Der Film heißt „Leben", und in Ihrem Leben sind Sie der Star.

Gestalten Sie exklusiv Ihr eigenes „Programm"

Damit wir unser eigenes „Programm" so leben können, wie wir wollen (und nicht so, wie andere es gerne hätten), ist es wichtig, daß wir „Fremdprogramme" erkennen, die uns von dem wegführen, was wir eigentlich wollen, und sie konsequent abschalten. Aber davor schrecken wir oft ängstlich zurück, weil wir niemanden verletzen wollen. Das ist verständlich, aber leider kontraproduktiv. Wie heißt es schon in der Bibel: „Liebe Deinen Nächsten *wie* Dich selbst." Und nicht etwa: „Liebe die anderen *mehr als* Dich selbst."

Es kann also losgehen: Sie sind der Regisseur und der Star, d.h., Sie bestimmen, was in Ihrem Film – sprich: in Ihrem Leben – passiert. Im Prinzip kann niemand Sie zwingen, Ihr „Drehbuch", für das Sie sich entschieden haben, umzuschreiben – außer Sie selbst. Beginnen Sie dazu im Kleinen mit folgender Übung:

☞   **Kreativ-Idee 12:**
Drehen Sie Ihren Lebens-Film

Laden Sie Freunde zu sich nach Hause ein, oder treffen Sie sich auf einer großen Wiese oder an einem See, verteilen Sie Kopien einer Drehbuchszene, die Sie selbst verfaßt haben, und spielen Sie sie mit verteilten Rollen nach. Wenn Sie wollen, filmen Sie das Ganze, aber das ist gar nicht nötig. Es kommt nur auf die Spontaneität des Spektakels und den damit verbundenen Übungseffekt für Ihren wirklichen „Lebens-Film" an.

Wiederholen Sie die Szenen so oft, bis Ihnen Ihr ganz persönliches Lebens-Drehbuch immer deutlicher wird und Sie klar sehen, in welche Richtung Sie Ihr Leben lenken wollen.

„Eigenes Programm" – das kann auch heißen: nicht immer etwas *tun*, sondern sich auch mal ganz bewußt Tagträume gestatten und sich ihnen hingeben – ohne schlechtes Gewissen.

Wir tagträumen übrigens viel häufiger, als wir glauben: An ereignisreichen Tagen verbringen wir bis zu 40 Prozent der Wachzeit im Reich der Fantasie. Allerdings beschäftigen sich die meisten unserer Tagträume leider mit Ängsten und Sorgen: um das liebe Geld, um unsere Kinder, um die Zukunft im allgemeinen usw.

Warum sind Tagträume so wichtig? Nun, wir können unabhängig von der Außenwelt in unserem Kopf Wunschfilme produzieren, wann immer wir sie brauchen. Lange Zeit galten Tagträume als eine Art Abfallprodukt des Bewußtseins. Der legendäre Psychologie-„Papst" Sigmund Freud beispielsweise behauptete gar: „Tagträumer entfliehen der Realität. Der Glückliche fantasiert nie, nur der Unbefriedigte." Aber auch noch lange nach Freud sahen viele Therapeuten im Tagträumen einen Nachweis für Realitätsuntüchtigkeit. Heute ist das anders: Zahlreiche systematische und experimentelle Studien haben mittlerweile gezeigt, daß Tagträumer die gesünderen und realitätstüchtigeren Menschen sind, weil sie sich einen Teil ihrer Realität selbst schaffen. Wer nicht ab und zu in seine Fantasien abtauchen kann, wird schnell zum Opfer von quälender Langeweile. Auch Probleme wie Eßsucht oder Fernsehsucht scheinen nicht zuletzt auf einen Mangel an einem fantasievollen Innenleben zurückzuführen zu sein. Tagträume sind also weit mehr als nur „Auszeiten". Sie sind komplexe Produkte unserer Vorstellungskraft, die wir selbst erzeugen können, sozusagen „Fenster unserer Psyche". Ein Mensch, der tagträumt, ist nicht mehr Gefangener des Augenblicks und kann Alternativen zum realen Hier und Jetzt entwerfen, die später Wirklichkeit werden sollen (und oft tatsächlich Wirklichkeit werden).

Kreativ-Tip: Tagträume helfen, Krisen zu bewältigen. In Tagträumen können wir komplette „Drehbücher" für die einzelnen Schritte unserer Lebensplanung ebenso wie Visionen vom großen Fernziel entwerfen.

Die Berliner Psychologin Gabriele Oettingen fand 1997 anhand mehrerer hundert Probanden heraus, daß ein hohes selbstgestecktes Ziel wie eine sich selbst erfüllende Prophezeiung wirkt. Je positiver die Erwartung, desto besser war das Ergebnis. Und die amerikanische Gedächtnisforscherin Shelley Taylor kam zu einem ganz ähnlichen Ergebnis: Um das kreative Potential von Tagträumen und Wunscherfüllungs-Fantasien nutzen zu können, müssen sie regelmäßig mit Vorstellungskraft angereichert werden: z.B. mit positiven Stimulationen und gedachten vorweggenommenen Erfolgen. Indem wir die Schritte zum Ziel mental stimulieren, verbessern wir die Chancen auf seine Realisierung.

Wie können wir diese Erkenntnisse konkret umsetzen? Zum Beispiel, indem wir uns in unseren schöpferischen Tagträumen ein Ziel fest vor Augen halten und uns immer wieder genau die einzelnen Schritte nacheinander vorstellen, die zu diesem Ziel führen. Das ist kreatives Nichtstun in Vollendung!

Mit anderen Worten: Für unser Lebens- und Gedanken-„Programm" sind wir nur selbst verantwortlich, keiner sonst. Die meisten Menschen leben aber nicht selbstbestimmt, sondern fremdbestimmt. Sie tun mehr oder weniger unbewußt das, was ihre Umwelt von ihnen verlangt oder zumindest erwartet. Da sie sich als „Opfer" der Umstände fühlen und keinen Ausweg für sich sehen, werden sie unzufrieden. Kreativsein ist das genaue Gegenteil: seinen eigenen Rhythmus finden und dazu stehen. Und gegebenenfalls nötige „Schnitte" und „Szenenwechsel" im Alltag durchführen. Auch aus widrigen Umständen läßt sich etwas machen, wenn man noch über die Dinge staunen kann, die einem bisweilen widerfahren. Voraussetzung ist allerdings, daß man seinen Fantasie-Motor „anwirft".

Staunen Sie bewußt

„Wer nicht staunen und nicht lachen kann, der ist erloschen." Dieser Ausspruch von Albert Einstein gibt zu denken. Er will sagen: Staunen und Humor gehören zum Leben – jedenfalls zu einem kreativen Leben. Können wir noch staunen und gelegentlich über uns selbst lachen?

Staunen scheint heute ein Vorrecht der Kinder zu sein. Sie haben wache Sinne und entdecken jeden Tag etwas Neues. Wenn ich in der S-Bahn Kindern zuhöre, gewinne ich oft den Eindruck, daß uns Erwachsenen die Fähigkeit, unsere Umgebung staunend zu beobachten, verlorengegangen ist. Uns bleibt daher nichts anderes übrig, als es neu zu erlernen, wenn wir nicht zunehmend abstumpfen wollen.

Ich fragte den bekannten Schweizer Religionswissenschaftler und Philosophen Niklaus Brantschen, weshalb nach seiner Meinung so viele Erwachsene das Staunen verlernt haben und humorlos vor sich hin leben. Er antwortete mir: „Um wirklich noch staunen zu können, müßten wir stille werden; wir müßten offen und „leer" sein; wir müßten Zeit haben; wir müßten absichtslos sein; und wir müßten mit dem Herzen sehen. Im Staunen werde ich nämlich mit dem Unbekannten konfrontiert, mit etwas, das mir neu ist. Das Bekannte und Gewohnte, das Alte, Vertraute wird in Frage gestellt. Mehr noch: Ich selber in meiner Seh- und Denkweise, in meinem Urteil und Vorurteil werde in Frage gestellt. Davor laufen die meisten weg. Demzufolge bringen sie auch keinen Humor zustande."

Man kann die Welt entweder als (hinzunehmendes) Faktum oder als (zu erforschendes) Geheimnis betrachten. Es kommt ausschließlich auf den Blickwinkel an. So kann „Der Schauende" von Rainer Maria Rilke sagen:

Ich sehe den Bäumen die Stürme an,
die aus lau gewordenen Tagen
an meine ängstlichen Fenster schlagen,
und höre die Fernen Dinge sagen,
die ich nicht ohne Freund ertragen,
nicht ohne Schwester lieben kann.

Da geht der Sturm, ein Umgestalter,
geht durch den Wald und durch die Zeit,
und alles ist wie ohne Alter:
Die Landschaft, wie ein Vers im Psalter,
ist Ernst und Wucht und Ewigkeit.

Wie ist das klein, womit wir ringen,
was mit uns ringt, wie ist das groß;
ließen wir, ähnlicher den Dingen,
uns so vom großem Sturm bezwingen –
wir würden breit und namenlos.

Staunen und Humor sind zwei der wichtigsten kreativen Eigenschaften überhaupt. Wer nicht mehr staunen und nicht mehr über sich selbst lachen kann, erwartet im Prinzip nichts mehr, erhofft nichts mehr, er verschließt sich jeder Überraschung, er kann auch nicht mehr „auf dem falschen Fuß erwischt" werden; er geht nur noch auf festgetretenen Wegen, die in kein Neuland und in keine Zukunft mehr führen.

Kreativ-Tip: Schreiben Sie auf, wann Sie über sich selbst lachen können!

✎ *Eigene Gedanken:*

_____

_____

_____

_____

_____

_____

Kreativ-Tip: Machen Sie einen Spaziergang und überlegen Sie, was Sie dabei entdecken, das Sie erstaunen läßt.

✎ *Eigene Gedanken:*

_____

_____

_____

_____

_____

Staunen hat sehr viel zu tun mit genauem Beobachten. Wer alle Dinge und Menschen nur oberflächlich ansieht, sich nicht die Mühe macht, hinter die Fassade zu schauen, erkennt allenfalls die Hälfte und verpaßt wahrscheinlich gerade das, worüber er staunen könnte.

Beobachten Sie Ihre Umgebung aufmerksam

Ein kreativer Mensch, der sein eigener „Regisseur" sein möchte, kann nicht darauf verzichten, seine Umgebung genau zu beobachten und sein Umfeld detailliert zu erforschen – andernfalls wird man sich immer als ein Fremder in einer kalten Umgebung vorkommen und dementsprechend schlechtfühlen. Diese Fähigkeit zur genauen Beobachtung, zum Hinter-die-Dinge-Blicken ist uns Menschen aber nicht angeboren, sondern sie muß immer wieder aufs neue eingeübt werden. Sie „schleift" sich auch schnell „ab", wenn sie nicht zuzeiten gefordert wird. Ich verzichte hier bewußt darauf, irgendwelche banalen Such-Spielchen zu empfehlen, die Sie in jeder Illustrierten finden können. Ich möchte Sie lediglich in bezug auf einen einzigen Punkt sensibilisieren, den ich persönlich für besonders spannend halte, weil hier genaues Beobachten besonders wichtig ist: optische Täuschungen.

Die Welt der optischen Täuschungen ist eine faszinierende Welt voller Illusionen, eigenwilliger Perspektiven, schillernder Farben und irregeleiteter Fantasien. Täuschungen führen unsere Sinne in die Irre, weil sie vom Betrachter teilweise völlig anders wahrgenommen werden, als es die tatsächlich vorhandenen physikalischen Gegebenheiten vermuten lassen. Zum Beispiel können zwei identische geometrische Figuren unterschiedlich groß oder lang, gerade Linien gekippt erscheinen. Ich erschrecke oftmals darüber, wie leicht sich die Sinne an der Nase herumführen lassen. Eine eindeutige wissenschaftliche Theorie, die optische Täuschungen lückenlos und in sich schlüssig erklären könnte, existiert bis heute nicht. Statt dessen gibt es eine Vielzahl wissenschaftlicher Erklärungsversuche, die allerdings nur teilweise überzeugen können – darauf wollen wir hier aber nicht näher eingehen.

Für mich sind doppeldeutige Wahrnehmungen am faszinierendsten, d.h., es sind immer zwei Deutungen möglich. Was sehen Sie in diesem Bild als erstes: ein junges Mädchen oder eine alte Frau? Wie lange dauert es, bis Ihre Wahrnehmung umspringt?

Man kann hier entweder eine nach hinten blickende junge Frau oder eine nach links vorne blickende alte Frau wahrnehmen. Dabei wird z.B. das Halsband der jungen Frau zum Mund der alten Frau. Die Entscheidung für die eine oder andere Sichtweise fällt auf den „ersten Blick".

Was sehen Sie auf dem nächsten Bild: einen Eskimo oder einen Indianer?

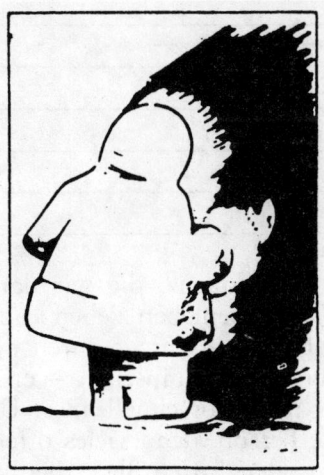

Genauso wie bei diesen Bildern ist es auch mit Täuschungen in der Natur und überhaupt im Leben. Immer entscheidet die Perspektive, die wir einnehmen, darüber, was wir sehen bzw. zuerst sehen. Der Blickwinkel, mit dem wir uns einer Sache oder auch einem Menschen nähern, entscheidet über unsere Sichtweise.

Kreativ-Tip: Nähern Sie sich demselben Baum einmal von der einen Seite her, dann von der anderen Seite her. Welche Unterschiede in der Wahrnehmung stellen Sie fest? Schreiben Sie sie auf. Das gleiche Experiment können Sie mit fast allen Gegenständen (und auch Menschen) machen. Wenn Sie einen Menschen von hinten sehen, welche Erwartungen haben Sie dann in bezug auf die Vorderseite? Werden diese Erwartungen erfüllt?

✎ *Eigene Gedanken:*

_____

_____

_____

_____

_____

_____

Eine mögliche Konsequenz, die wir daraus für unser menschliches Zusammenleben ziehen könnten, wäre die folgende: Lassen wir uns nicht durch den ersten Eindruck von irgend etwas täuschen – er könnte falsch sein! Fällen wir nicht vorschnell unser Urteil über eine Sache oder eine Person, denn vieles offenbart sich erst auf den zweiten oder dritten Blick. Beobachten wir genau und aufmerksam, was jemand sagt (und auch nicht sagt!). Nicht alle Menschen sagen das, was sie meinen, so deutlich, sondern sie deuten es nur an – aus Angst vor Ablehnung oder Mißachtung. Zum Beispiel könnte man sich ein Spielchen daraus machen, Dinge, die jemand *nicht* sagt, für sich selbst im Geiste zu vervollständigen. Das erfordert natürlich sehr viel Fingerspitzengefühl, Fantasie und nicht zuletzt Mühe. Aber sollte uns das eine gute Beziehung zu unseren Mitmenschen nicht wert sein – zumindest bei solchen, die uns besonders wichtig sind?

Kreativ-Tip: Überlegen Sie sich, welche verschlüsselte Aussage oder Botschaft hinter folgenden Floskeln stecken könnte:

Ich weiß nicht so recht kann heißen:

_____

Es muß irgendwie gehen kann heißen:

Es wird schon (wieder) werden kann heißen:

Ich habe da ein kleines Problem kann heißen:

Ich habe heute einen schlechten Tag kann heißen:

Hätten Sie nicht irgendeinen Vorschlag? kann heißen:

Ich will nicht klagen kann heißen:

Es versteht sich von selbst, daß man nur dann positiv auf andere eingehen kann, wenn man sich selbst gutfühlt. Das schafft man unter anderem durch gezieltes Aktivieren seiner Glückshormone. Viele Menschen wissen gar nicht, daß sie überhaupt welche besitzen.

Aktivieren Sie Ihre Glückshormone

Eine hervorragende Möglichkeit, seine Glückshormone zu aktivieren und ausgeglichen zu werden, ist aktive sportliche Betätigung – auch das gehört zum kreativen Nichtstun. Denn der Mensch ist nicht nur Seele, sondern auch Körper. Dieser will bewegt und fit gehalten werden. Zahlreiche wissenschaftliche Studien haben die positive Wirkung von mäßig betriebenen Ausdauersportarten nachgewiesen. Viele Marathonläufer, aber auch Freizeit-Läufer, berichten von Glücksmomenten und plötzlichen schöpferischen Einfällen während des Laufens.

Der amerikanische Trimmtrab-„Papst" James F. Fixx,
dessen „Laufbücher" Millionenauflagen erzielten,
schreibt beispielsweise: „Laufen ist eine sehr simple
Methode, ungünstige Lebensgewohnheiten positiv zu
verändern. Laufen gehört zu den besten und schöpfe-
rischsten Aktivitäten, die es überhaupt gibt. Wenn Sie
regelmäßig laufen, spüren Sie, wie gelenkig, elastisch
und energiegeladen Sie sind. Das Kraftgefühl, das Sie
durchströmt, läßt sich aus kaum einer anderen Quel-
le in dieser Weise gewinnen. Geisteskraft und Kon-
zentrationsfähigkeit scheinen sich merklich zu stei-
gern, und man spürt, daß sich auch der Verstand
schärft. (Sie werden das nicht an jedem Tag oder nach
jedem Lauf merken, aber diese Erscheinungen sind
doch fast immer vorhanden.)"

Michael Murphy, der Gründer des *Psychotherapeuti-
schen Instituts Esalen/Wisconsin*, hält viele Läufer für
„heimliche Mystiker". Er schreibt: „Laufen kann eine
Methode sein, unser größeres Selbst zu entdecken. Ich
habe festgestellt, daß Superathleten, aber auch ganz ge-
wöhnliche Leute plötzlich innerliche geistige Komplexe
berühren, wenn sie es am wenigsten erwarten." Man
sollte allerdings laufen, ohne sich (zu sehr) zu quälen.
Wie groß die Strapazen beim Laufen werden, hängt vor
allem davon ab, wie intensiv der Kampf zwischen Körper und Geist ist. Sie sollen um Gotteswillen keine
Höchstleistungen aufstellen!
   Bleibt die Frage: *Warum* bessert sich die Stimmung
durch Laufen? Nun, so genau weiß das niemand zu sagen, aber es gibt Theorien: Die erste geht davon aus,
daß das Gehirn beim Laufen in den Genuß einer unge-
wöhnlich guten Sauerstoffversorgung kommt und dadurch in die Lage versetzt wird, seine korrektiven, aus-
gleichenden Kräfte und Mechanismen voll zu entfalten.

Eine andere Theorie geht davon aus, daß Körper und
Seele so eng miteinander verknüpft sind, daß jede Ver-
besserung des körperlichen Zustandes unweigerlich automatisch auch den seelischen Zustand verbessert. Man
lauscht in den Körper und vernimmt die Seele.

Der Psychiater Dr. John Greist von der *Wisconsin
University* berichtete in einer medizinischen Fachzeit-
schrift kürzlich von einem interessanten Experiment:
Er hatte eine Gruppe extrem depressiver Patienten
vor die Wahl gestellt, entweder ein zehnwöchiges
Laufprogramm zu absolvieren oder zehn Wochen
lang an einer traditionellen Psychotherapie teilzuneh-
men. Wie sich herausstellte, war das Laufen wesentlich wirksamer.

Ein ganz ähnliches Experiment machten Wissenschaftler vom Institut für Altersforschung an der *Universität von Kalifornien*: Sie testeten über Jahre hinweg 500 Freiwillige im Alter zwischen 52 und 70 Jahren, die an Stimmungsschwankungen und Depressionen litten. Wissenschaftler überprüften den Seelenzu-
stand der Versuchspersonen in drei verschiedenen Situationen: nachdem sie ihnen eine 400-Milligramm-
Dosis des Antidepressivums Meprobamat gegeben
hatten, nach der Verabreichung eines völlig identisch
aussehenden Placebos (Scheinmedikament) und nach
einem mäßigen viertelstündigen Training. Wie sich
zeigte, verminderte das Training die Depressionszu-
stände der freiwilligen Versuchspersonen besser als
das chemische Psychopharmakum und das Placebo.

Laufen verbessert sogar noch im Alter das Gedächtnis,
das Lernvermögen und die Kreativität. Das hat auch
hormonelle Gründe. Bei moderatem Laufen steigt nämlich der Serotoningehalt im Gehirn an. Der Stoff, der
unsere Stimmung hebt und uns Abstand von den tägli-

chen Sorgen nehmen läßt, gilt als eine Art „Chefhormon". Laufen steigert ferner den ACTH-Spiegel im Gehirn. ACTH ist das „Kreativitätshormon", welches den Körper wohlig entspannt, den Geist aber kristallklar und hell macht. Läufer lösen Probleme kreativ, und zwar aus der rechten Gehirnhälfte heraus. Joggen macht aber auch deshalb glücklich, weil es Endorphine – körpereigene schmerzstillende Hormone – aktiviert. Der Läufer verspürt Entspannung, Zufriedenheit und die Neigung, etwas Schöpferisches zu vollbringen. Man spricht dann von „Runners high" – eine Art positive „Sucht", wobei die klassischen Suchtkriterien wie Abhängigkeit und Bewußtseinsverflachung hier *natürlich nicht* erfüllt sind.

Wen das noch nicht überzeugt, der könnte z.B. versuchen, seinem Lauftraining einen besonderen „Kick" zu verleihen: Ich kenne Läufer, die sich einen Stapel Schallplatten vorstellen und während des Laufens der imaginären Musik lauschen. Ein befreundeter Doktorand wiederum hat sich beim Laufen den Lehrstoff vergangener Semester ins Gedächtnis gerufen. Ich kenne aber auch Leute, die behaupten, daß sie beim Laufen ausgezeichnet meditieren können und hinterher fit für neue Aufgaben sind; andere stimulieren sich während des Laufens im stillen immer wieder positiv. Sie führen beim Laufen einen Dialog mit sich selbst, formulieren Texte, sammeln Ideen, bewältigen Probleme. Wieder andere stellen sich beim Laufen vor, daß sie selbst etwas Großes vollbracht haben. Auch wenn es nicht stimmt – aber es motiviert!

Ich gebe ehrlich zu, ich habe früher über solche Dinge geschmunzelt. Aber seitdem ich selbst regelmäßig „kreativ laufe" und dabei alles in mir ablaufen lasse, weiß ich, daß sie keineswegs verrückt sind. Im entspannten Zustand des Joggens ist das Unterbewußtsein nämlich besonders aufnahmefähig für solche Suggestionen – von den zahlreichen positiven körperlichen Auswirkungen ganz zu schweigen.

Kreativ-Tip: Wenn es Ihnen Spaß macht, stellen Sie Ihr kreatives Lauftraining unter ein bestimmtes Motto – wie z.B. jene Studenten aus Helsinki, die Tausende von Kilometern durch ganz Europa joggten und dabei überall Plakate gegen Tierversuche hochhielten. Eine ganz neue Art der friedlichen Demonstration. Unter der Schlagzeile „Sportler joggen gegen Tierversuche" berichteten alle großen europäischen Zeitungen von dieser ungewöhnlichen Aktion. Oder vielleicht haben Sie von jenen Friedensfreunden gehört, die durch das ehemalige Jugoslawien liefen und dort Friedenszettel an die verschiedenen Bevölkerungsgruppen verteilten und Bonbons in die Menge warfen. Es gibt auch eine Läufergruppe, die jeden Frühling quer durch Mallorca joggt, um auf die Wasserknappheit aufmerksam zu machen – das alles sind natürlich nur Beispiele und Einzelaktionen, die für sich genommen nicht allzu viel bewirken mögen. Aber zumindest bewirken sie, daß derjenige, der daran teilnimmt, sich hinterher besser fühlt. Vielleicht haben Sie ja sogar eine noch viel bessere Idee …!

Bonbons für die Seele

Um die Hormone zu aktivieren, die uns glücklich und entspannt leben lassen, sollten wir uns nicht nur regelmäßig bewegen, sondern auch gelegentlich bewußt belohnen. Wissen Sie noch, wann Sie sich zuletzt selbst belohnt haben: für eine besonders gute Leistung, eine gute Idee – oder nur einfach so?

Kreativ-Tip: Täglich also nicht nur erschöpft *ausspannen*, sondern sich angenehm schöpferisch *entspannen* – und ein- bis zweimal wöchentlich ein intensives Pluserlebnis. Das wäre ein praktikables Schema. Belohnen Sie sich bewußt!

Wissenschaftler haben herausgefunden, daß unser Körper in bestimmten Situationen „Glückshormone" ausschüttet, beispielsweise wenn wir verliebt sind, wir uns über uns selbst freuen oder eine gute Nachricht erhalten haben. Wir werden dann getragen von einer Woge der Begeisterung, ohne daß wir etwas dazu tun müssen – eine Art positiver Gefühlsrausch, in dem uns scheinbar nichts etwas anhaben kann! Dieses Glück hält aber nur so lange an, bis die Hormone wieder abgebaut sind. Wenn uns dann irgendwann der Alltag wieder eingeholt hat, ist es vorbei mit dem Hochgefühl. Das muß aber nicht von vornherein so sein. Wir können Glücksgefühle sozusagen auf Kommando auslösen und konservieren. Sie brauchen dazu keineswegs den ultimativen Kick einer Extremsportart, nein, es genügt schon, wenn Sie immer wieder aufs neue die Initiative Ihres Lebens ergreifen und Ihren Alltag bewußt spielerisch auflockern. Es gibt Menschen, die immer darauf warten, daß man sie an der Hand nimmt und ihnen eine Aufgabe zuweist. Sie schlagen am Morgen die Zeitung auf, lesen all die negativen Nachrichten und regen sich darüber auf, daß niemand etwas gegen die Ungerechtigkeit in der Welt tut. Ihre Empörung ist zwar durchaus echt, aber sie selbst kommen überhaupt nicht auf die Idee, daß sie ja vielleicht zumindest in ihrer Umgebung einiges zu mehr Gerechtigkeit beitragen könnten. Auch hier ist wieder die Fantasie des einzelnen gefordert.

Kreativ-Tip: Tun Sie jeden Tag einem anderen Menschen einen kleinen Gefallen – am besten, ohne daß er es merkt.

4. Kapitel:
Organisieren Sie sich souverän

Wer gelernt hat, sich spielerisch zu entspannen, seine Glückshormone zu aktivieren und sich einen gesunden Humor zu bewahren, der bringt ideale Voraussetzungen mit, seine kleineren und größeren Alltagssorgen in den Griff zu bekommen und sich auch souverän, d.h. selbstbestimmt, zu managen. Dazu gehört unter anderem auch ein kreativer Umgang mit der Zeit. Denn kein Mensch hat in seinem Leben unbegrenzt viel Zeit zur Verfügung. Das heißt freilich nicht, daß man versuchen sollte, um jeden Preis überall Zeit einzusparen – denn das führt zu immer mehr ungesunder Hektik. Der „richtige" Umgang mit der Zeit ist eine diffizile Kunst, die fantasiestarken Menschen in der Regel leichter fällt als fantasielosen.

Was empfinden Sie, wenn Sie die folgende Geschichte lesen?

Ruiavii war der oberste Häuptling des Dorfes Tiavea auf der kleinen polynesischen Insel Upoulu. Anfang dieses Jahrhunderts bereiste er Europa und lernte die Lebensweisen des Papalagi, das heißt des Weißen, kennen. Dabei stellt er fest: „Der Papalagi ist immer unzufrieden mit seiner Zeit, und er klagt den Großen Geist dafür an, daß er ihm nicht mehr gegeben hat. Ja, er lästert Gott und seiner ganz großen Weisheit, indem er jeden Tag nach einem ganz gewissen Plan zerteilt... Es gibt Papalagi, die behaupten, sie hätten nie Zeit. Sie laufen kopflos umher, und wohin sie auch kommen, sorgen sie für Unheil und Schrecken, weil sie ihre Zeit verloren haben. Diese Besessenheit ist ein schrecklicher Zustand, eine Krankheit, die kein Medizinmann heilen kann, die viele Menschen ansteckt und ins Elend bringt ... Es gibt in Europa nur ganz wenige Menschen, die Zeit haben. Vielleicht gar keine. Daher rennen auch die meisten durchs Leben wie ein geworfener Stein. Wenn man sie anruft, rufen sie unwillig: ‚Was mußt du mich stören; ich habe keine Zeit, sieh zu, daß du deine ausnützt.' Ich habe einen Mann gesehen, dessen Kopf auseinanderbarst, der die Augen rollte, der rot und grün wurde und mit Händen und Füßen um sich schlug, weil sein Diener einen Atemzug später kam, als er zu kommen versprochen hatte. Der Atemzug war für ihn ein großer Verlust, der nie zu sühnen war. Der Diener mußte seine Hütte verlassen, der Papalagi verjagte und schalt ihn: ‚Genug hast du mir Zeit gestohlen. Ein Mensch, der die Zeit nicht achtet, ist ihrer nicht wert.'"

Zitiert nach: Der Papalagi, Die Reden des Südseehäuptlings Ruiavii aus Tiavea, Tanner & Staehelin, Zollikon-Zürich 1979.

Welche Gedanken kommen Ihnen beim Lesen dieser Geschichte spontan? Schreiben Sie sie auf!

✎ *Eigene Gedanken:*

_____

_____

_____

Werden Sie Herr über Ihre Zeit

Haben Sie Zeit? Wenn jemand Sie um eine Gefälligkeit bittet und fragt: „Entschuldigen Sie bitte, haben Sie Zeit?", antworten Sie dann häufiger „Ja, gerne" oder sagen Sie in der Mehrzahl der Fälle: „Ich habe jetzt keine Zeit!", „Gerne, aber nicht jetzt!", „Im Moment paßt es mir gerade nicht!", „Kommen Sie später wieder!"?

Der amerikanische Schriftsteller Norman Vincent Peale schreibt in einem seiner Bücher, er erinnere sich gerne an das große Wohnzimmer im Hause einer Großeltern, wo eine alte Standuhr mit sehr langem Pendel die Stunden schlug. Der Ton des Pendels schien zu sagen: „Noch – genug – Zeit. – Noch – genug – Zeit. Die modernen Uhren hingegen mit ihren kurzen Pendeln rufen uns unaufhörlich zu: „Höchste Zeit! Höchste Zeit! Höchste Zeit!"

Sind Ihnen nicht auch Menschen bekannt, die immer Zeit haben? Sie sind ruhig und gelassen, sie haben oft viel zu tun und leisten nicht wenig. Aber sie haben trotzdem immer Zeit, weil sie sich gelegentlich Zeit *nehmen*. Sie sind nicht Sklaven ihrer Zeit, sondern Herr. Sie haben die Zeit, nicht die Zeit hat sie.

Kreativ-Tip: Versetzen wir uns für ein paar Augenblicke in unsere letzte Sekunde, in der unsere Lebenszeit endgültig abgelaufen sein wird. Fragen wir uns: Wofür möchte ich jetzt noch Zeit haben? ...

Berührt vom Hauch des Endes sehen wir die Zeit, unsere Zeit, anders, wahrscheinlich bewußter.

✎ *Eigene Gedanken:*

_____

_____

_____

_____

_____

_____

Es gibt noch ein weiteres gutes Mittel, das uns helfen kann, innere Ruhe zu gewinnen und uns damit über die Hektik der Zeit zu erheben: nämlich die Art unseres Sprechens, und zwar kommt es sowohl auf die *Worte* an als auch auf den *Ton*, in dem wir sie aussprechen. So haben wir die Möglichkeit, uns in eine Nervosität und Hektik hineinzureden, und wir können uns ebensogut mit unseren eigenen Worten beruhigen. Um ruhig zu *sein*, ist es wichtig, ruhig zu *sprechen*.

Kreativ-Tip: Machen Sie einmal folgendes Experiment: Sobald Sie mit einigen Leuten sprechen, die in einem aufgeregten und nervösen Tonfall kommunizieren, brauchen Sie nur einige ruhige, sachliche Worte ins Gespräch einzuflechten, und Sie werden schnell feststellen können, daß ihre Wirkung nicht ausbleibt, die nervöse Stimmung nachläßt und einer Kommunikationssituation weicht, in der zündende Ideen reifen können.

So gehen Sie mit Zeitdieben um

Manche Zeitgenossen stehlen anderen ohne wirklichen Grund Zeit, bedrängen und manipulieren sie, machen ihnen Schuldgefühle oder verwickeln sie in ihre Intrigen. Meine ganz persönliche Philosophie ist folgende: Verschenkte Zeit ist fast immer gewonnene Zeit, aber nicht, wenn dadurch Intrigen und Ressentiments verfolgt oder irgendwelche Hindernisse aufgebaut werden. Dann bin ich geizig mit meiner Zeit.

Kreativ-Tip: Achten Sie einmal darauf: Wie sind Ihre Telefongespräche beschaffen, die Sie annehmen? Ihre Briefe, die Sie erhalten? Ihre Unterhaltungen, an denen Sie teilnehmen? Verplaudern Sie oft viel Zeit mit umständlichen Floskeln oder beschäftigen Sie sich dabei mit negativen Gefühlen wie Neid oder Ärger? Schreiben Sie auf, worum es in Ihren Telefonaten, Briefen und Unterhaltungen der letzten vier Wochen hauptsächlich ging. Und wie viele Dinge davon waren – im nachhinein betrachtet – unnötig oder haben sich in der Zwischenzeit von selbst erledigt?

Eigene Gedanken:

_____

_____

_____

_____

_____

_____

Ich habe für mich vor einigen Jahren festgestellt, daß über 70 Prozent der Anrufe und mehr als 60 Prozent der Briefe, die ich jeden Tag bekomme, ziemlich unwichtig sind und mich von wesentlicheren Dingen abhalten. Meist handelt es sich um unnötige Nachfragen, um Spendenaufrufe, um Telefonwerbung, um seitenlange Geschäftsbriefe, um Interviewanfragen usw. Ich habe daher für mich die Konsequenz gezogen, alles, was in meiner Post auch nur im entferntesten nach Werbung aussieht, sofort auszusortieren und ungeöffnet wegzuwerfen. Kann sein, daß ich dadurch schon mal etwas Wichtiges voreilig weggeworfen habe, aber es hat mir bis jetzt nie geschadet. Als nächstes lege ich alles, was nicht unmittelbar mit meiner täglichen Arbeit zu tun hat – also Kontoauszüge, Bankschreiben, Rechnungen, Kataloge, Amtliches usw. – auf einen großen Stapel, den ich einmal im Monat durchforste und aussortiere. Dabei stelle ich meistens fest, daß das allermeiste sich in der Zwischenzeit bereits von selbst erledigt hat. Und das, was dringend getan werden muß, hole ich eben jetzt nach. Das ist immer noch früh genug. Seitenlanges Kleingedrucktes lese ich grundsätzlich nicht durch. Auch mit unverständlichen Formulierungen halte ich mich nicht auf. Wenn möglich, unterschreibe ich nur mit dem Zusatz „o.a.G.B." (ohne allgemeine Geschäfts-Bedingungen). Das ist legitim und rechtsgültig. Wofür gibt es schließlich das BGB, das alle Vertragsangelegenheiten regelt? Wenn der Verkäufer sich nicht darauf einläßt, verzichte ich meistens auf das Produkt oder gehe zur Konkurrenz. Aber das ist oft gar nicht nötig.

Was Telefongespräche angeht, so habe ich es mir zur Maxime gemacht, nur noch solche Anrufe anzunehmen, die mir wichtig sind. Bei Telefonwerbung lege ich sofort auf. Endlose Gespräche mit Telefonpartnern, die kein Ende finden, können manchmal ganz schön nerven. Da hilft dann nur gezielte Taktik.

Mit folgenden Sätzen können Sie ein Telefongespräch beenden, ohne unhöflich zu wirken:

✓ Es war schön, von Ihnen gehört zu haben …
✓ Was haben Sie heute noch vor?
✓ Kann ich sonst noch etwas für Sie tun?
✓ Wann hören wir uns wieder?
✓ Vielleicht höre ich mal wieder von Ihnen?
✓ Für heute wünsche ich Ihnen alles Gute!
✓ Ja, dann …
✓ Schönen Tag dann noch …

Eigene Ideen:
✓ _____
✓ _____
✓ _____

Vor vielen fantasielosen „Zeitdieben" kann man sich von vornherein schützen, indem man bestimmte Dinge und mögliche Entwicklungen voraussieht und so dem Zeitdieb zuvorkommt. Auch mit spontanen Entscheidungen kann man viel Zeit sparen, weil man nicht ständig hin- und hergerissen ist. Darum geht es im nächsten Punkt.

Entscheiden Sie spontan richtig

Das Grunddilemma vieler Menschen ist, daß sie sich schlecht entscheiden können: für einen bestimmten Arbeitsplatz, für eine bestimmte Wohnung, für einen bestimmten Partner, für ein bestimmtes Auto. Sie leiden unter ihrer Entscheidungsschwäche, aber sie können sie auch nicht ändern. Wenn sie eine unpopuläre, aber eigentlich längst überfällige Entscheidung immer wieder hinauszögern, entschuldigen sie sich (vor sich selbst und anderen) damit, daß eine solche Entscheidung etwas Endgültiges sei, etwas, was nicht mehr rückgängig zu machen sei. Sie zögern und zaudern, und nicht selten treffen sie aus Angst vor einer falschen Entscheidung überhaupt keine Entscheidung. Sie lassen lieber alles beim Alten und verpassen einen Teil ihres Leben, indem sie permanent auf der Stelle treten und mit sich selbst unzufrieden sind.

Natürlich wäre es bei wichtigen Entscheidungen leichtfertig, ja sogar fahrlässig, sich ausschließlich von augenblicklichen Emotionen leiten zu lassen und nicht alle denkbaren Konsequenzen abzuwägen bzw. sie gedanklich durchzuspielen. Trotzdem ist die spontane Entscheidung meist die beste. Hier kann Vertrauen in die eigenen schöpferischen Fähigkeiten entscheidend weiterhelfen. Denn selbst wenn sich eine Entscheidung im nachhinein als grundfalsch herausstellen sollte, bestehen in vielen Fällen noch Nachbesserungsmöglichkeiten, oder es eröffnen sich sogar ganz neue ungeahnte

Möglichkeiten – vorausgesetzt natürlich, man läßt seiner Fantasie freien Lauf. Das Risiko, durch Nicht-Entscheiden eine Chance zu verpassen, ist mit Sicherheit größer, als durch eine vermeintlich falsche Entscheidung ein für allemal festgelegt zu sein. Wer annimmt, daß es nur eine einzige und richtige Entscheidung für sein zukünftiges Glück gibt, täuscht sich! Kein Wunder, daß man zögert, sich zu entscheiden, wenn man seinem Beschluß solche Bedeutung zukommen läßt. Wer hingegen bereit ist, Verantwortung für sich selbst zu übernehmen, muß keine Angst vor falschen, nicht mehr korrigierbaren Entscheidungen haben.

Vielleicht gehören Sie zu der Sorte von Menschen, die ihre besten spontanen Ideen beim Angeln, beim Pilzesuchen, beim Wandern oder beim Joggen haben. Dann tun Sie es. Worauf warten Sie noch? Legen Sie das Buch weg, und starten Sie! Oder aber sind Sie ein „Peripatetiker" (von griechisch „peripatos" = Wandelhalle) wie Aristoteles, der ständig im Kreis herumlief und dabei seine Aha-Erlebnisse hatte? Auch nicht schlecht. Probieren Sie es aus, aber tun Sie es nicht in der Erwartung, daß Ihnen sofort die Erleuchtung kommt oder Sie blendende Ideen haben. Sie wissen ja: Die kommen am ehesten dann, wenn Sie sie nicht erwarten. Dann aber oft um so deutlicher und klarer. Tragfähige Entscheidungen reifen auf diese Weise am schnellsten. Ebenso wichtig wie gute, kreative Entscheidungen ist auch, daß wir kritikfähig sind und uns zumindest anhören, was andere über etwas denken.

Begegnen Sie Kritik konstruktiv

Sobald wir das Wort Kritik hören, denken wir immer zuerst an etwas Negatives. Das liegt wahrscheinlich daran, daß wir damit meist destruktive Kritik verbinden. Werfen wir aber einen Blick auf die altgriechische Wortwurzel, stellen wir fest, daß Kritik eigentlich nichts wei-

ter als „Entscheidung, Urteil" oder „Beschluß" heißt –
also keine Spur von negativem Beigeschmack. Wir können uns daher klarmachen: Kritik ist zunächst einmal
etwas ganz und gar Wertfreies, etwas, das uns in jedem
Fall weiterbringt, weil uns ein Spiegel vorgehalten wird.
Da keiner von uns alleine auf der Welt lebt, und jeder
Mensch Teil von verschiedenen Gemeinschaften ist, sind
wir immer auch auf Rückmeldung, auf „Feedback" an-
gewiesen. Positives Feedback ist natürlich die ange-
nehmste Form der Kritik – allerdings wohl auch die sel-
tenste.

Klaus P. (55) ist Konzertkritiker bei einer großen Ta-
geszeitung. Leider versteht er seinen Job als Kritiker
nicht im ursprünglichen altgriechischen Sinne, sondern er hat es sich zur Angewohnheit gemacht, Verrisse zu schreiben und dabei kein Blatt vor den Mund
zu nehmen. Er bemüht sich nicht einmal, seine Kritik
in halbwegs euphemistische Formulierungen zu ver-
packen. Stets sucht (und findet) er das Negative: Mal
sind die Bässe zu laut, mal zu leise, mal ist der Schlag-
zeuger zu dominant, mal zu zurückhaltend, mal ist
die Sängerin zu impulsiv, mal zu langweilig. Ganz selten, daß er mal ein Konzert richtig gut findet. Der Le-
ser gewinnt dabei zwangsläufig den Eindruck, daß
der Kritiker die Musik überhaupt nicht genießen und
auf sich wirken lassen kann, weil er immer (ver-
meintliche) Fehler sucht.
   Eines Tages bekommt er einen freundlichen Leserbrief von einer älteren Dame, die der letzten Konzert-
kritik von Klaus P. widerspricht. Als der Chefredakteur vorschlägt, den Brief abzudrucken, fährt der Kritiker aus der Haut: „Was soll das? Die Alte hat doch
von Musik so wenig Ahnung wie der Papst von James
Bond. Damit blamieren wir uns doch nur. Die Oma
soll sich einglasen lassen und schön brav Pullöver-

chen für ihre Enkel stricken. Der Brief wird nicht ab-
gedruckt. Basta."

Um seinen Mitarbeiter nicht vor den Kopf zu
stoßen, verzichtet der Chefredakteur fatalerweise
darauf, den Leserbrief abzudrucken – was dieser als
Freibrief für weitere Verrisse fehlinterpretiert.

Wer so reagiert, zeigt, daß er völlig fantasielos ist und
mit sich selbst – im wahrsten Sinne des Wortes – in Dis-
harmonie lebt. Denn was würde es dem Kritiker schaden, wenn er die Meinung eines anderen neben der seinen gelten lassen würde? Diese Haltung des Kritikers ist
leider typisch für viele Zeitgenossen: Sie teilen selbst
verbale Hiebe aus, ähneln gleichzeitig aber hochsensi-
blen Seismographen und reagieren schon bei der leisesten Gegenkritik extrem dünnhäutig.

Wie also mit Kritik umgehen? Für einen kreativen
Menschen, der sich selbst weiterentwickeln will, kann es
nur eine Antwort geben: anhören und zulassen. Das
klingt leichter, als es ist. Aber einen Versuch ist es unbedingt wert. Wenn beispielsweise ein Journalist bei einer
Buchkritik an einer meiner Publikationen kein gutes
Haar läßt, so ärgere ich mich natürlich darüber, nehme
es aber für mich persönlich zum Anlaß, mich in den anderen hineinzudenken. Ich gebe zu, daß mir das nicht
immer gelingt. Aber manchmal lache ich auch über
mich selbst und frage mich, ob der Kritiker nicht sogar
den Nagel auf den Kopf getroffen hat.

Wenn Sie zu den Menschen gehören, die besonders
kritikempfindlich sind, empfehle ich Ihnen das witzige
Training aus dem Kapitel „Der Choleriker" (siehe Seite
102). Es stählt selbst gegen herbe Kritik und macht
außerdem jede Menge Spaß. Je gelassener und souveräner man innerlich ist, desto besser kann man mit Kritik
leben – selbst wenn sie unberechtigt ist.

Wie Sie in fünf Tagen souverän werden

Kreatives Nichtstun und Souveränität – ist das nicht in sich ein Widerspruch? Ich meine nicht. Ich bin sogar überzeugt, daß hauptsächlich kreatives Nichtstun die Grundlage dafür schafft, um souveräner zu werden. Die meisten Menschen, die nie kreatives Nichtstun in irgendeiner Form praktiziert haben, sind kaum in der Lage, sich zu organisieren, ihre Gedanken zu ordnen, Außergewöhnliches zu leisten. Sie jammern ständig darüber, daß sie über keine Motivation verfügen und ihnen alles aus den Fugen gerät. Bei Menschen, die ihre Fantasie regelmäßig durch bewußtes Nichtstun schärfen, habe ich das hingegen noch nie erlebt.

Zunächst einmal gilt folgende Faustregel: Wer souverän werden will, darf nicht einfach nur dasitzen und lamentieren, daß er ständig kritisiert wird, nicht geliebt wird oder dauernd gestreßt ist. Die Kontrolle über unsere innere Verfassung werden wir nicht durch irgendein Zaubermittel gewinnen. Auch nicht, indem wir einmal im Jahr ein entspannendes Buch lesen oder einen Kreativ-Workshop zu besuchen (auch wenn das schon mal ein Anfang sein kann). Wie wir aus den vorangegangenen Kapiteln wissen, besteht der beste und sicherste Weg, souverän zu werden, darin, sich immer wieder – möglichst mehrmals täglich – spielerisch zu entspannen, sich neue Horizonte zu erschließen und neue Hobbies für sich zu entdecken. Erste Voraussetzung für Souveränität ist also, sich aus dem Hektik-Kreislauf auszukoppeln und körperlich ruhig zu werden. Wie heißt es so schön: „In der Ruhe liegt die Kraft."

Erster Tag: Werden Sie körperlich ruhig

Blinder Aktivismus tötet kreative Energie. Versuchen Sie als erstes, körperlich ruhig zu werden. Das ist meistens an einem Tag zu schaffen. Eine bestimmte Körperhaltung führt mit der Zeit zwangsläufig auch zu einer bestimmten Geisteshaltung.

Kreativ-Tip: Für diese Übung brauchen Sie insgesamt vielleicht eine Viertelstunde. Führen Sie sie zwei- bis dreimal an einem Tag durch.

1. Unterbrechen Sie Ihre körperliche Bewegung. Gehen Sie nicht hektisch auf und ab, klopfen Sie nicht auf den Tisch, reiben Sie sich nicht die Hände, ballen Sie nicht die Fäuste und beißen Sie nicht auf die Zähne.

2. Suchen Sie einen ruhigen Ort auf, und zwingen Sie sich, absolut ruhig zu stehen oder zu sitzen.

3. Schließen Sie die Augen und tun Sie ein bis zwei Minuten überhaupt nichts. Lauschen Sie einfach absichtslos in Ihre Umgebung hinein. Vielleicht hören Sie eine Amsel singen, vielleicht vernehmen Sie in der Ferne das Geräusch eines vorbeifahrenden Zuges usw. Versuchen Sie Ihren Geist leerzufegen und an nichts zu denken.

4. Lenken Sie Ihre Gedanken ausschließlich auf die Entspannung des Körpers. Beginnen Sie mit den Zehen, denken Sie an jeden Muskel bis hinauf zum Kopf – entspannen Sie sie alle. Unterstützen Sie den Vorgang, indem Sie sagen: „Meine Füße sind entspannt – meine Beine sind entspannt – meine Arme sind entspannt – mein Hals ist entspannt."

Zweiter Tag: Werden Sie innerlich still

Sobald Sie körperlich ruhig sind, geht es an den nächsten Schritt: die innere Stille. Wie oft können wir die Stille um uns herum nicht ertragen! Wie oft greifen wir mechanisch zum Radio- oder Fernsehknopf, um uns von Klängen berieseln zu lassen! Oder wir reisen in die Ferien und wählen, vielleicht mehr unbewußt als bewußt, einen Ort aus, wo viel los ist, wo wir nicht mit uns allein sein müssen. Anne M. Lindbergh, die Frau des berühmten Ozeanfliegers Charles Lindbergh, sagte

ganz richtig: „Jede Entschuldigung wird eher hinge-
nommen. Die Zeit, die wir uns für eine geschäftliche
Verabredung, für den Friseur, für eine Einladung oder
für Einkäufe nehmen, wird respektiert. Sagt man aber:
Ich kann nicht kommen, denn das ist meine Stunde, die
ich ganz für mich allein reserviert habe, dann gilt man
als egoistisch oder als Sonderling."

Egal, was andere denken mögen. Wir *brauchen* hin
und wieder Stille. Es ist von großer Wichtigkeit, sich regelmäßig an einen ruhigen Ort zurückzuziehen. Worum
es dann vor allem gehen sollte, ist das „hörende Schweigen". Von den alten Wüstenvätern ist ein Wort überlie-
fert, das uns helfen kann: „Fuge, tace, quiesce – Fliehe,
schweige, werde still!"

Dies beinhaltet einen wertvollen Kreativ-Tip in drei
Schritten:

Erster Schritt: Fuge – Fliehe! Dieser Schritt führt uns an
einen einsamen Ort, wo die Unruhe der Nerven abklin-
gen kann. Wir bekommen wieder ein Gespür für das,
was wichtig und was unwichtig ist. Wir hören auf, unser Leben von außen steuern zu lassen.

Zweiter Schritt: Tace – Schweige! Sobald wir aufhören,
mit uns selbst zu reden und zu streiten, haben sich unsere Antriebe und Reize beruhigt. Alles bekommt so eine neue Qualität. Alexander Solschenizyn schreibt:
„Erst wenn der Strom (…) in einer flachen Bucht ver-
weilt oder in einem kleinen, ruhigen See, wo keine Welle sich rührt – dann erst gewahren wir in der spiegeln-
den Glätte ein jedes Blättchen des nahen Baumes, ein jedes Federchen des zarten Gewölks und die volle blaue
Tiefe des Himmels."

Dritter Schritt: Quiesce – Werde still! Still werden ist
mehr als „nur" Schweigen. Wer wirklich still wird, kann
in sich hineinhorchen, gleichsam seine innere Stimme
hören, seine tiefsten Wünsche, Sehnsüchte und Hoff-
nungen vernehmen.

Probieren Sie dazu die folgende Übung:

> *Kreativ-Übung:* Stellen Sie sich vor, Ihr Gemüt sei die Oberfläche eines Sees, der von einem heftigen Sturm gepeitscht wird. Stellen Sie sich dann ganz plastisch vor, wie sich der Sturm legt und die Wellen sich allmählich immer mehr beruhigen, bis der See still und spiegelglatt vor Ihnen liegt.

Dritter Tag: Stimulieren Sie sich positiv

Nachdem Sie körperlich und innerlich ruhig sind, können Sie nun daran gehen, sich positiv zu stimulieren. Die moderne Motivationspsychologie hat sich die positive Wirkung von festen Formeln, die man sich im Stillen vorsagt, zunutze gemacht. Sie verwendet Vertrauenssätze wie: „Ich vertraue mir, ich werde die Arbeit sehr gut erledigen usw." Nachdem man erst einmal den Körper entspannt hat, sollte man nicht aufhören, sich solche Sätze vorzusagen, damit die körperliche Entspannung nicht nur momentan den Geist erfaßt, sondern sich auch auf das Verhalten auswirkt. Diese Techniken benutzen viele Leistungssportler, die sich vor dem Wettkampf entspannen und die innere Ruhe und Gelassenheit auch im Wettkampf durchhalten wollen. Jede Verkrampfung, weil man unbedingt den Sieg will, verhindert gerade den Sieg, weil man in der Verkrampfung unnötige Energien bindet. Durch das Auf-sich-Einreden in entspanntem Zustand kann man sich einbilden, was man sich einredet. Und diese Einbildung zeigt Wirkungen, die nachprüfbar sind. Wie sagte der dreifache deutsche Rennrodler Georg (Schorsch) Hackl nach seinem Olympiasieg 1998 im japanischen Nagano: „Ich habe mir immer wieder gesagt, daß ich gewinnen kann, bis ich es am Ende wußte. Und dann konnte ich gar nicht mehr verlieren."

Wenn negative Gedanken wie Neid, Ungeduld, Ärger oder Aggression in uns aufsteigen, können wir diese nicht immer sofort vertreiben. Das ist auch nicht nötig. Aber wir können aktiv auf sie reagieren. Und das sollten wir auch tun. Die negativen Gedanken verschwinden ganz automatisch, wenn ich sie durch positive ersetze. Unser Geist kann nicht gleichzeitig an verschiedene Dinge denken, er kann sich nicht gleichzeitig verschiedene Sätze vorsagen. In dem Moment, wo er sich positive Sätze vorsagt, verstummen die negativen.

Kreativ-Tip: Wiederholen Sie mehrmals täglich Worte, die Sie beruhigen und Ihnen Vertrauen einflößen. Am besten eignet sich eine feste Wortfolge, also eine Aneinanderreihung von Begriffen, die alle in die gleiche semantische Richtung gehen und eine bestimmte emotionale Qualität ausdrücken, z.B. *Ruhe, Frieden, Sicherheit, Stille, Gelassenheit.* Denken Sie sich Wortfolgen aus, die Ihrer Verfassung entsprechen. Eine Wortfolge sollte maximal fünf Begriffe umfassen. Sie können sich übrigens jederzeit auch auf ein einziges Wort beschränken, wenn Sie dies möchten. Auch kurze Sätze sind möglich. Beispiel: „Alles in mir ist gelassen" oder „Ich glaube an das Gelingen."

Vierter Tag: Übernehmen Sie Verantwortung

Ab jetzt bestimmen vorrangig Sie (und nicht mehr hauptsächlich Ihre Umwelt), wo es in Ihrem Leben langgeht und wie Sie die Dinge managen. Sie sind jetzt kein „Opfer" mehr, sondern ein „Täter" – allerdings einer im positivsten Sinne –, der hochmotiviert ist. Dafür müssen Sie allerdings auch ab sofort für alles, was Sie tun oder nicht tun, die volle Verantwortung übernehmen und nichts mehr, was Sie selbst tun können, leichtfertig anderen überlassen. Das stärkt das Selbstvertrauen und macht den Kopf frei für neue Aufgaben, Ziele und Wünsche.

Fünfter Tag: Alltagssorgen fantasievoll angehen und lösen

Sorgen, Ängste und Probleme machen natürlich auch vor souveränen Persönlichkeiten nicht halt. Aber sie fühlen sich bei ihnen meist nicht sehr lange wohl. Denn souveräne Menschen sehen kein unüberwindliches Problem darin, Alltagssorgen, die ihnen früher vielleicht den letzten Nerv raubten, mit Fantasie anzugehen. Sie lassen sich von ihrer Inspiration leiten und motivieren sich so für neue Aufgaben. Sie schaffen es eher, ihre Arbeit effizient zu erledigen und Nervensägen in ihrer Umgebung auf kreative Art den Wind aus den Segeln zu nehmen. Wie das im einzelnen aussehen kann, dazu gebe ich im nächsten Kapitel separat noch einige Anregungen.

☺ **Auf einen Blick:
Die fünf Schritte zum souveränen Handeln**

1. Körperlich ruhig werden

2. Innerlich ruhig werden

3. Sich positiv stimulieren

4. Die volle Verantwortung übernehmen

5. Alltagssorgen fantasievoll angehen und lösen

5. Kapitel:
Wie man Nervensägen den Wind aus den Segeln nimmt

In den vorangegangenen Kapiteln haben wir gesehen, was kreatives Nichtstun ist, wie es funktionieren kann, und was es alles bewirkt. In diesem und dem folgenden Kapitel will ich noch ein paar konkrete Anregungen für häufig vorkommende Alltagssituationen geben. Vielleicht brauchen Sie diese Kapitel gar nicht mehr zu lesen, weil Sie ohnehin praktisch schon immun gegen Nörgler und Nervensägen sind, nachdem sie die Vorschläge der vorangegangenen Kapitel kreativ umgesetzt bzw. in Ihren Tageslauf integriert haben. In diesem Fall beglückwünsche ich Sie ganz herzlich. Vielleicht können Sie aber doch noch die eine oder andere Anregung für sich herausziehen.

Auf den folgenden Seiten beschreibe ich einige ganz alltägliche Charaktere, für die „Fantasie" ein Buch mit sieben Siegeln ist und die aufgrund ihrer Unzufriedenheit für ihre Umgebung zu unerträglichen Nervensägen oder Tyrannen werden: den Choleriker, den notorischen Stresser und den Workaholic. Dabei werden wir deutlich sehen: Je besser man durch häufiges kreatives Nichtstun spielerisch entspannt und demzufolge mit sich im Einklang lebt, desto weniger empfindlich ist man gegenüber derart unangenehmen Zeitgenossen.

Wie bereits gesagt, haben Nervensägen alle einen entscheidenden Nachteil: Sie besitzen sehr wenig Fantasie – und genau damit sind sie zu packen bzw. in Erstaunen zu versetzen. Die Beispiele, die ich in diesem Kapitel vorstelle, sind im übrigen nicht frei erfunden, sondern ich habe sie entweder von Bekannten gehört oder selbst erlebt. Lediglich die Namen wurden verändert.

Der Choleriker

Auf seinem Schreibtisch stapeln sich Unmengen von Vitaminpräparaten, Enzympillen, Mineralstoffen, Spurenelementen und Hormonpräparaten, die er abwechselnd zwischen seinen täglich gut achtzig Telefonaten in Mega-Dosen einnimmt. Irgendwo zwischen Computerbildschirm und -terminal, lose herumliegenden Disketten, angebrochenen Zigarettenschachteln und unleserlich bekritzelten Notizzetteln kullern verloren ein paar Lachsölkapseln, Bierhefekugeln und Johanniskrautdragees zwischen meterhohen Aktenbergen herum.

Chefredakteur Josef K. (52) hat in den vergangenen 20 Jahren in harter Arbeit einen ganzen Verlag mit mittlerweile mehr als 100 Mitarbeitern aufgebaut. Gerade ist er völlig außer sich: „Verdammte Sch…, wo sind denn schon wieder die Korrekturen von gestern nachmittag? Wie oft soll ich Ihnen noch sagen, daß ich die heute brauche! Es geht hier alles den Bach hinunter, und wir verlieren Millionen", brüllt er mit Nebelhornstimme.

Die Gesprächspartnerin, seine Sekretärin, sitzt keine fünf Meter weiter im Nebenzimmer und hört ihren Chef direkt durchs Telefon toben. „Warum kann er mir das nicht direkt ins Gesicht sagen, so weit sitzen wir doch gar nicht auseinander?", denkt sie bei sich. Und seufzt still in sich hinein: „Der Alte hat einfach keinen Überblick mehr. Früher war er richtig nett. Aber jetzt wächst ihm alles immer mehr über den Kopf. Bei seinen cholerischen Ausbrüchen darf man einfach nicht jedes Wort auf die Goldwaage legen. Er ist eben ein seelisches Wrack."

Ohne sich zu rechtfertigen, legt sie den Hörer aus der Hand, gießt die Blumen am Fenster und läßt ihren Chef erst mal austoben.

Was ist hier passiert? Objektiv gesehen eigentlich gar nichts. Die gesuchten Korrekturen liegen fein säuberlich bei Josef K. in der Ablage (hübsch zugedeckt mit diversen Zeitungen, die er am Morgen gelesen und darübergelegt hat!), und der Drucker hat diese Woche ohnehin Urlaub. Also besteht für Eile überhaupt kein Anlaß.

Totenstille. Es verstreichen einige lange Sekunden, in denen nichts geschieht.

Josef K. hält kurz inne, schaut beinahe zärtlich auf seine vor ihm stehenden Vitaminpräparate, dann winselt er tonlos wie ein hilfloses kleines Kind vor sich hin: „Was soll ich denn jetzt machen? Wie soll das denn alles weitergehen?"

Aufreizend langsam legt er den Hörer auf, dann beginnt er seinen Schreibtisch peinlich sauber aufzuräumen (was er schon seit Monaten nicht mehr getan hat), schaltet geradezu genüßlich den Computer aus, steckt die unfertigen Manuskripte in den Papierkorb, packt seinen Aktenkoffer und geht ohne ein weiteres Wort zu Fuß nach Hause (sonst läßt er sich immer fahren!). Zwei Tage später sitzt er im Flieger nach Kanada, wo er für den Rest seines Lebens Bienen züchten, Schafe hüten und herrenlosen Katzen ein Zuhause geben will. Nach ein paar Wochen schreibt er aus der kanadischen Wildnis einen Brief an seine ehemaligen Mitarbeiter, entschuldigt sich für sein „skandalöses Verhalten in den letzten Jahren" und setzt seinen Sohn als Nachfolger ein, der die Firma „besser als ich" managen soll. In seinem Brief heißt es unter anderem: „Hier in Kanada ist alles besser. Ich werde nie mehr nach Deutschland zurückkehren, auch nicht für einen Tag. Die Leute hier sind zufrieden, auch wenn sie nichts haben. In Deutschland geht es immer nur um Karriere. Ich brauche das alles nicht mehr. Im Moment fühle ich mich völlig leer."

Vielleicht fragen Sie sich: Was hat dieses Extrembeispiel in einem Buch über Kreativität zu suchen? Die Antwort: So außergewöhnlich ist das Beispiel gar nicht. Denn jedes Jahr werfen 500.000 Deutsche vor Erreichen ihres Rentenalters von heute auf morgen alles hin und verlassen ohne Abschied ihren Arbeitsplatz. Von einer Sekunde auf die andere schließen sie mit allem ab, wofür sie sich oft jahrzehntelang mit aller Kraft eingesetzt haben. Für mich gibt es einen eindeutigen Zusammenhang zwischen jahrelang unterdrückter Fantasie und dem sogenannten „Burnout-Syndrom". Wer sich immer nur in eine einzige Richtung hin engagiert, wer ausschließlich monodimensional agiert und denkt, sich blind in etwas verrennt, der „verbrennt" viel schneller als jemand, der voller Ideen steckt, für Alternativen offen ist und sich schöpferisch austobt. Das bestätigte vor kurzem auch der Burnout-Forscher Dr. Matthias Burisch vom *Psychologischen Institut der Universität Hamburg.*

Welcher Ausweg zeichnet sich nun für jemanden ab, dessen Vorgesetzter – wie hier – ein krankhafter Choleriker ist, der sich selbst nicht organisieren kann und beim kleinsten Anlaß mit einem Wutanfall reagiert?

Die einfachste Möglichkeit wäre zweifellos, zu kündigen, den Chef in seinem selbstgewählten Chaos ersticken zu lassen und sich eine neue Stelle zu suchen. Aber das ist leider nicht immer möglich. Was dann? Zweifellos hat die Sekretärin im geschilderten Fall instinktiv richtig reagiert, indem sie nicht versuchte, sich zu rechtfertigen oder mit ihrem Chef zu diskutieren – er hätte ohnehin nicht zugehört. Sie legte einfach den Hörer weg und dachte an früher, als ihr Chef noch ein freundlicher Mensch war. Manchmal hat es einfach keinen Sinn zu diskutieren. Dann hilft nur eines: „Schotten dicht", weghören und den anderen „auskotzen lassen". Wer diese Kunst beherrscht, lebt ohne Frage gesünder, weil er Negatives von sich fernhalten kann. Allerdings gehört dazu sehr viel menschliche Größe und kreatives Geschick. Dennoch sollte man sich diese Fähigkeit unbedingt – zumindest ansatzweise – antrainieren, da man sie immer wieder braucht. Das ist übrigens recht einfach:

Kreativ-Tip: Beginnen Sie noch heute mit einem speziellen Training: Bitten Sie Freunde, daß sie Ihnen Beleidigungen und Schimpfkanonaden an den Kopf werfen (Sie werden wahrscheinlich keine Mühe haben, einige Freiwillige dafür zu finden!). Versuchen Sie währenddessen, an etwas anderes zu denken und sich dies in Ihrer Fantasie möglichst plastisch vorzustellen. Das stählt gegen so manche unangenehme Situation, vor allem härtet es gegen unvermeidliche Begegnungen mit Nervensägen ab.

☺   **Auf einen Blick:**
Cholerische Vorgesetzte

Wie Sie sich verhalten können:

✓ Eine gute Möglichkeit, Cholerikern auf kreative Art zu begegnen, ist Humor. Wenn Sie beispielsweise merken, daß Ihr Chef sich in Rage redet, bringen Sie ihn schnell auf einen anderen Gedanken, indem Sie ihn ablenken. Zum Beispiel: „Haben Sie auch schon den neuen Prickel-Brause-Automaten im Erdgeschoß gesehen?" Oder: „Sehen Sie nur, wie toll die Sonne heute scheint." Oder: „Wollen Sie auch ein Bonbon?"

✓ Versuchen Sie nie, einen Choleriker in seiner Art zu ändern. Das würde Sie zuviel kostbare Energie, Mühe und Motivation kosten und strahlt negativ auf Sie ab. Jeder ist seines Glückes Schmied.

✓ Unterbrechen Sie nie den Wortschwall eines Cholerikers – Sie würden ihn dadurch nur noch mehr reizen. Wenn jemand nicht mit sich diskutieren läßt,

hilft nur eines: „auskotzen lassen", gezielt weghören, die Fantasie „einschalten" und an etwas
ganz anderes denken. Das schaffen Sie durch das
oben beschriebene Training – damit sind Sie „immun" gegen Choleriker, Nörgler, Besserwisser,
Wichtigtuer usw. Wenn Ihr Gegenüber merkt, daß
er Sie nicht im geringsten beeindrucken kann, wird
er sich über kurz oder lang einer anderen Sache zu-
wenden oder sich ein neues „Opfer" suchen, das
den Fehdehandschuh mit einer Gegenkonfrontati-
on aufnimmt. – Nicht Ihr Problem!

- Wenn der Choleriker sich gar nicht beruhigen will,
  verlassen Sie – falls möglich – ohne ein Wort den
  Raum. Knallen Sie aber nicht die Tür hinter sich
  zu. Das würde ihn zusätzlich provozieren.

- Bemühen Sie sich nicht, einem cholerischen Vorgesetzten um jeden Preis zu gefallen oder ihm immer
  alles recht zu machen (er würde das nur als
  Schwäche Ihrerseits auslegen!). *Nicht Sie* haben ein
  Problem, sondern *er*. Und das kann aus Ihrer Sicht
  auch so bleiben.

Der notorische Stresser

Ich erinnere mich noch gut an meinen ersten Tag als
Student an der Universität. Der Professor kam herein,
und das erste, was er uns zu sagen hatte, war nicht etwa ein fröhliches „Guten Morgen", sondern folgendes: „Wenn Sie es im Studium und im Beruf zu etwas
bringen wollen, müssen Sie jeden Tag mindestens
vierzehn Stunden arbeiten. Ich mache das schon seit
zwanzig Jahren so. Und alle, die es zu etwas gebracht
haben, genauso. Streß, Streß, Streß – das müssen Sie
verkraften. Fangen Sie gleich heute an. Sonst überle-
ben Sie das Studium nicht."

Na bravo! Damals war ich tief beeindruckt von dieser gelehrten Persönlichkeit, die ich für einen Halbgott hielt. Heute amüsiere ich mich darüber, ja ich glaube, der Professor wollte uns Anfänger damals einfach nur zum Narren halten. Falls er wirklich jeden Tag vierzehn Stunden gearbeitet haben sollte (was physisch ja eigentlich kaum möglich ist), dann war seine Arbeit jedenfalls nicht sonderlich effizient – denn er hatte nie Zeit für seine eigentlichen Aufgaben: Vorlesungen ließ er ohne Angabe eines Grundes einfach ausfallen, und wenn er doch mal eine abhielt, war er schlecht vorbereitet. Normale Seminare ließ er prinzipiell nur von Assistenten veranstalten, und Prüfungsarbeiten korrigierten ausschließlich seine schlecht bezahlten Hilfskräfte. Seine im Drei-Jahres-Rhythmus erscheinenden Veröffentlichungen besorgte ihm ein Redaktionsbüro, weil er „keine Zeit" zum Schreiben hatte. Ich erlebte ihn immer fürchterlich gestreßt. Er war ständig auf dem Sprung, hatte nie Zeit für die Beantwortung einer Frage oder ein persönliches Wort.

Was will ich mit diesem Beispiel sagen? Ein wichtiger Schritt, Streß und seine üblen Folgen für sich selbst zu vermindern, kann darin bestehen, weniger vom Streß zu *reden* und auch über eventuelles Nichtstun nicht zu viele Worte zu machen. Ich habe oft den Eindruck, daß viele Menschen sich einen großen Teil an Streß zusätzlich *herbeireden,* weil sie spüren, daß sie schlecht organisiert sind. Ich habe für mich die Erfahrung gemacht, daß die meisten Dinge viel mehr Zeit haben, als ich zunächst angenommen hatte. Wenn wir mal einen Termin nicht einhalten können – na und? Geht die Welt daran zugrunde? Oder wir selbst?

Dabei taucht allerdings ein kleines Problem auf: Wer über längere Zeit faulenzt, wird heute von seiner (meist gestreßten) Umgebung als fauler Außenseiter mißtrauisch beäugt und geschnitten. Die Gesellschaft setzt Nichtstun automatisch mit *unproduktivem* Nichtstun gleich. Und wer steht schon gern vor anderen als Faulenzer da? Das ist in der Tat ein gewisses Dilemma, mit dem die meisten Menschen nicht so einfach leben können. Menschen, die häufig schöpferisch (un)tätig sind, fällt das in der Regel leichter. Denn sie blicken nicht so sehr auf andere Menschen (und darauf, was diese gerade denken oder sagen könnten), sondern leben einfach ihr Leben und lassen andere ihr Leben leben. Sie sind automatisch toleranter und damit streßresistenter.

Kreativ-Tip: Analysieren Sie kritisch, wie oft Sie an einem einzigen Tag in Ihrer Umgebung Worte wie „Streß", „Hektik" oder „schnell", „kurz" zu hören bekommen bzw. selbst in den Mund nehmen, ohne sich darüber Gedanken zu machen. Unser Unterbewußtsein speichert alle diese Worte, ohne daß wir es bewußt wahrnehmen. Nehmen Sie einen Notizzettel und machen Sie jedesmal einen Strich, wenn eines dieser Worte fällt.

Diese Übung ist sicher nicht der Weisheit letzter Schluß, aber sie hilft auf jeden Fall, sich selbstkritisch einzuschätzen. Das ist ein erster wesentlicher Schritt zur ganz persönlichen Streßverminderung.

Eine weitere Sache, die vorzüglich entspannt, ist regelmäßige Abwechslung! Seit über fünf Jahrzehnten hat Dr. Hans Selye von der *Universität Montreal* Streß und seine Begleiterscheinungen untersucht. Er ist der Ansicht, daß jeder von uns bei der Geburt ein bestimmtes Quantum an „Anpassungsenergie" mitbekommt. Wenn diese Energie verbraucht ist, erleben wir einen seelischen oder körperlichen Zusammenbruch. Um einen solchen Zusammenbruch zu vermeiden, kann man den Streß bewußt auf bestimmte Körpersysteme einwirken lassen.

Die Aktivität wechseln

Oft, schreibt Selye in seinem Buch *Stress Without Distress*, sei ein freiwilliger Wechsel der Tätigkeit genauso gut oder besser als Erholung ... Wenn uns Erschöpfung oder eine erzwungene Unterbrechung daran hindern, eine Mathematikaufgabe zu lösen, dann sei es besser, schwimmen zu gehen als einfach herumzusitzen. „Wenn wir die Anspannung, die wir von unserem Intellekt verlangt haben, jetzt von unseren Muskeln verlangen, dann erholt sich dabei nicht nur das Hirn, sondern wir vermeiden auch den Ärger über die frustrierende Unterbrechung.

Ich erinnere mich an eine Versammlung, in deren Verlauf es zu einer hektischen Auseinandersetzung kam, es fielen laute und beleidigende Worte. Plötzlich stand einer der Teilnehmer auf, zog seine Jacke aus, band sich die Krawatte ab, gähnte demonstrativ und legte sich auf eine Couch. Alle waren überrascht, und jemand fragte, ob er sich nicht wohlfühlte.

‚Nein' sagte er, ‚ich fühle mich ausgezeichnet, aber wenn wir so weitermachen, werde ich den Verstand verlieren. Und ich habe herausgefunden, daß es sehr schwierig ist überzuschnappen, wenn man sich hingelegt hat.' Wir alle lachten, und der Bann war gebrochen."

☺ **Auf einen Blick:**
„Erste Hilfe" bei negativem Streß

Wer „angenervt" ist, fällt seiner Umwelt zur Last und wird mittelfristig unfähig zu spontanem schöpferischen Tun (und Nichtstun).

Wie Sie sich verhalten können:

✓ Sobald Sie merken, daß Sie negativ gestreßt sind, tun Sie am besten gar nichts mehr – so lange, bis Sie von selbst wieder Lust auf etwas verspüren. Oft hilft es auch schon, einfach nur die Augen zu schließen und einige Sekunden an etwas Schönes zu denken, z.B. an einen Sonnenaufgang oder Ihren letzten Urlaub. Auf jeden Fall sollten Sie versuchen, Ihre Gedanken „auszuwechseln", bevor Sie mit etwas fortfahren.

✓ Nehmen Sie ab sofort das Wort Streß nicht mehr in den Mund. Unser Unterbewußtsein ist nämlich darauf programmiert, Streß als etwas Negatives aufzufassen. *Die Folge:* Sie versetzen sich in Ihren Gedanken unmerklich immer wieder (oder schlimmstenfalls immer mehr) in den Streßkreislauf hinein, bis es irgendwann unerträglich wird – für Sie und Ihr Umfeld. Das können Sie vermeiden.

✓ Eine ganz andere Möglichkeit, mit Streß umzugehen, sind Humor und Abwechslung. Sagen Sie beispielsweise zu sich selbst: „Hallo, lieber Streß, bist du schon wieder da? Heute läuft aber nichts. Tschüß!" Dann gehen Sie eine Runde joggen oder tun irgend etwas Erholsames (siehe ab Seite 79).

Der Workaholic

Peter R. (42) arbeitet 60 bis 70 Stunden in der Woche, denn die Firma steht und fällt mit ihm. Er verlangt höchsten Einsatz von sich und seinen Mitarbeitern. Wenn zusätzlich unerwartete Arbeit anfällt (und sie fällt praktisch immer an), nimmt er sie mit nach Hause und arbeitet sie am Wochenende durch. Wenn er mal wider Erwarten einen halben Tag frei hat – was äußerst selten vorkommt –, fährt er in eine 40 Kilometer entfernte Stadt in die Sauna, um sich dort zu erholen. Im Büro gibt er fingierte Termine an. Nie-

mand darf ihn sehen, denn in der Firma nimmt sich
jeder so wichtig, daß einer den anderen mit dem dick-
sten Terminkalender übertrumpfen will.

Kommt Ihnen das irgendwie bekannt vor? Vielleicht
kennen Sie auch einen Workaholic Marke „Das machen
wir am Wochenende"!?

Jedesmal, wenn ich im südlichen Ausland bin, staune
ich über die ungezwungene Art, wie die Leute dort arbeiten und miteinander umgehen. Sie arbeiten, um zu leben. Wieder zurück in Deutschland, habe ich den Eindruck, wir Deutschen leben nur, um zu arbeiten. Wir arbeiten zu viel, zu verbissen, zu konkurrenzbezogen, oft
ohne Spaß und Fantasie bei der Arbeit, ohne Humor. In
keinem anderen europäischen Land gibt es so viele regi-
strierte Workaholics, also Arbeitssüchtige, wie bei uns.
Tragischerweise leistet unser extrem leistungsorientier-
tes Gesellschaftssystem diesem Phänomen auch noch
Vorschub.

Die meisten fantasielosen Menschen lenken ihre Lebensenergie auf das, was ihnen fehlt, was sie nicht haben, und sind neidisch auf die Fähigkeiten anderer – dabei haben sie selbst mindestens genauso gute Fähigkeiten. Sie lassen sie nur nicht zu und unterdrücken sie.
Das gilt speziell für „Arbeitstiere", die sich ausschließlich oder überwiegend über Leistung definieren und
manchmal sturen Ochsen gleichen (ohne den Tieren Un-
recht tun zu wollen). Sie sind wütend auf sich selbst,
weil sie trotz aller Bemühungen nicht so sind, wie sie
gerne sein möchten. Sie neigen stets dazu, sich mit anderen zu vergleichen, und sind geradezu erleichtert,
wenn sie bei ihnen negative Seiten entdecken, oder ihnen jemand sagt, daß er an sich leide. Etwas überspitzt
könnte man sagen: Der Workaholic ist ein Mensch, der
das Spielen völlig verlernt hat. Er braucht die Arbeit,
um sich nicht eingestehen zu müssen, daß er eigentlich
viel lieber spielen würde, sich aber nicht traut, weil er

Angst davor hat, ausgelacht zu werden. Zu kompliziert? Ich formuliere es anders: Die Arbeit ist für den Workaholic eine Fassade, hinter der er sich verschanzt, um sich vor sich selbst (und seinen eigentlichen Bedürfnissen) zu verstecken bzw. um sich seine Einsamkeit nicht eingestehen zu müssen (vgl. auch mein Buch „Männerängste. Wovor Männer sich wirklich fürchten", Stuttgart, Kreuz Verlag 1997).

☺ **Auf einen Blick: Workaholics**

So können Sie sich verhalten, wenn Sie mit einem Workaholic zu tun haben:

✓ Lassen Sie sich nicht vor den Karren seiner Probleme spannen. Nehmen Sie ihm keine Arbeit ab, die in seinen Aufgabenbereich gehört – auch wenn er Ihnen leid tut. Sie würden dadurch ungewollt zum Komplizen seines Problems, das er nur alleine lösen kann.

✓ Bemitleiden Sie ihn nicht. Er würde das als Bestätigung seines falschen Weges empfinden und Ihnen Ihr Verhalten eines Tages wahrscheinlich vorwerfen, wenn er einen Zusammenbruch erlitten hat.

✓ Schützen Sie sich selbst vor ihm, indem Sie sich auf andere Dinge konzentrieren. Wenn er Ihnen Vorwürfe macht – Ohren auf Durchzug und weghören!

Besseres Betriebsklima durch Fantasie

In vielen Betrieben steht es mit dem Arbeitsklima nicht zum besten, weil ausgefahrene Ellenbogen, Machtspiele und Intrigen an der Tagesordnung sind. Oft hat ein schlechtes Betriebsklima ganz einfach aber auch nur den Grund, daß hier durch Zufall mehrere Personen zusammenkommen, die mit sich selbst nicht im reinen sind.

Diese eigene Unglücklichkeit schlägt leicht in gegenseitige Sticheleien um. Manchmal resultiert schlechte Stimmung aber auch aus einer aggressionsfördernden Atmosphäre des Arbeitsraumes. Wenn ich mir die spröden, unpersönlichen Parzellen in modernen „Bürofabriken" so anschaue, wundert es mich nicht, daß dort massenhaft negative Gefühle produziert werden. Schöpferisches Arbeiten ist hier kaum möglich. Dabei könnte die Atmosphäre mit ein paar Handgriffen entscheidend aufgelockert und zum Positiven hin verändert werden. Das gilt analog übrigens auch für Wohnungen. Darüber hinaus haben auch die Möbelstücke eine Bedeutung. Es gibt viele Menschen, die sich in ihrer Wohnung nicht wohlfühlen, obgleich sie nicht in der Lage sind, einen konkreten Grund dafür zu nennen. Ich kannte eine Studentin, die sich darüber aufregte, daß sie sich in ihrer „uniformen Bude" im Studentenheim nicht konzentrieren könnte. Es wäre ihr zu einfarbig, zu fantasielos. Das stimmte alles, aber wir sind in der Lage, selbst ein kleines Zimmer mit einigen wenigen Handgriffen so zu gestalten, daß man sich wohlfühlt. Nachdem eine alte Pinnwand entfernt, die hinter dem Schreibtisch befindliche Tapete mit einer hübschen Farbe überstrichen und das Waschbecken durch einen Vorhang unsichtbar gemacht wurde, fühlte sie sich entschieden besser. Farben wirken auf das vegetative Nervensystem ein. So erhöht sich beispielsweise beim Betrachten der Farbe Rot der Puls – nicht von ungefähr ist dies die Farbe der (dubiosen) Nachtbars. Grün hingegen spiegelt die Ruhe der Natur wider. Es entspannt.

✎ *Eigene Gedanken:*

_____

_____

_____

_____

☞ **Kreativ-Idee 13:**
Arbeitsplatz und Wohnung
einfallsreich gestalten

Wenn Sie sich in Ihrer Wohnung oder am Arbeitsplatz häufig unwohl fühlen, ohne einen konkreten Grund dafür zu kennen, kann die räumliche Ausgestaltung daran (mit) schuld sein. Die Umgebung entscheidet über das Befinden, über Einfallsreichtum, Ideen und Motivation mit. In einem solchen Fall nehmen Sie einfach ein paar Veränderungen vor. Hier ein paar Vorschläge:

1. Farben

Sorgen Sie für eine farbige (Neu-)Gestaltung. Probieren Sie verschiedene Farben aus. Haben Sie eine bestimmte Lieblingsfarbe? Welche Gegenstände im Zimmer haben bereits diese Farbe? Welche weiteren kommen in Frage?

2. Grünpflanzen

In jedes Büro und in jede Wohnung gehören Pflanzen. Der eine steht auf Kakteen, der andere auf Zwergpalmen, der dritte auf Wald- und Wiesenblumen. Ich versichere Ihnen: Das Geld, das Sie für dekorativen Blumenschmuck ausgeben, holen Sie durch eine bessere Stimmung und wesentlich effektiveres Arbeiten sehr schnell wieder herein. Denn als Menschen sind wir ein Teil der Natur und nicht ein Teil von Aktenbergen – wie man leicht glauben könnte, wenn man sich viele Büros so anschaut.

3. Blickfänge

Poster oder Bilder machen ein Zimmer erst wohnlich. Welcher Kunststil sagt Ihnen am ehesten zu? Gibt es einen Sportler, den Sie bewundern, oder eine Landschaft, die Sie fasziniert? Vielleicht malen Sie sich selbst ein Bild (oder lassen eines für sich malen)! Andere Möglichkeiten wären ein Spruchplakat mit Ihrem ganz persönlichen Leitspruch oder aber ein kleiner Karteikasten mit selbstformulierten „Erste-Hilfe-Sprüchen", die Sie immer schnell zur Hand haben. Auf meinem Schreibtisch steht ein Karteikasten mit mehreren Fächern und zahlreichen selbstbeschrifteten Kärtchen für verschiedene Situationen. Bin ich mit meiner augenblicklichen Situation unzufrieden, greife ich z.B. in das Fach „Zufriedenheit" und ziehe eines der Kärtchen, auf dem beispielsweise der Spruch steht: „Hoch und tief, das ist allein eine Sache des Standpunkts." Wenn ein Spruch nicht ganz zur Situation paßt, ziehe ich eine weitere Karte. Ich sage mir den passenden Spruch mehrmals vor, denke darüber nach, und bald fühle ich mich wieder besser. Weitere Fächer könnten sein: Zufriedenheit, Leben, Glück, Hoffnung usw.

4. Persönliches

Mindestens ein ganz persönlicher Gegenstand sollte Ihren Schreibtisch zieren. Das kann eine Fotografie, ein Stein, ein Kreuz, eine Figur, ein Talisman oder irgend etwas anderes sein – am besten etwas, das Sie erheitert, wenn Ihr Blick daraufällt.

Kreativ-Idee 14:
Büro-„Groove"

Haben Sie auch manchmal den ganzen Tag die Melodie eines Schlagers im Kopf, mit der Sie vielleicht vom Radiowecker geweckt wurden oder die Sie im Autoradio gehört haben? Oder sagen Sie sich manchmal, wenn Sie einen Titel hören: „Das hätte ich auch gekonnt!"?

Was hindert Sie daran, es zu versuchen? Klopfen Sie einen Ihnen bekannten Rhythmus mit dem Fingernagel auf Ihre Schreibtischplatte. Oder erfinden Sie einen Rhythmus, den die Welt noch nicht kennt. Fordern Sie Kollegen auf, mitzumachen, z.B. kann einer mit dem Kugelschreiber passend zu Ihrem Grundrhythmus an die Wand oder gegen eine Kaffeetasse klopfen (das erzeugt einen ganz anderen Ton als der Schreibtisch!). Vielleicht hat einer Ihrer Kollegen sogar Lust, dazu zu singen. Das kann einen fantastischen Groove hergeben. Probieren Sie es aus! Welthits wie „Always look at the bright side of life" oder „Lemon tree" sind übrigens genau auf diese Weise entstanden. Mehrere Kollegen kreierten einen Song in der Mittagspause, gingen ins Tonstudio und nahmen ihren Song auf, ohne auch nur im Traum daran zu denken, daß sie damit der Menschheit eine neue Melodie „schenken" und nebenbei selbst Millionen verdienen würden.

6. Kapitel:
Verfolgen Sie Ihr Ziel, als ob
Sie es nicht hätten

Wie wir bereits mehrmals gesehen haben, können sich Menschen, die kreatives Nichtstun praktizieren, grundsätzlich besser organisieren als fantasielose Zeitgenossen. Wer sich nicht spielerisch entspannen kann und flexibel bleibt, ist in der Regel auch ein schlechter Planer; er geht entweder total chaotisch vor oder aber ist fast immer so „zugeplant", daß er von jeder unvorhergesehenen Panne oder von einem unerwarteten Ereignis total aus seinem Zeitplan geworfen wird. *Gutes Planen* hat viel zu tun mit Fantasie und Kreativität. Das Wichtigste dabei ist ein möglichst exaktes, klar definiertes Ziel als Vision, um die Gefahr des Sich-Verzettelns zu minimieren. Genauso wichtig ist aber, bei der Durchführung der einzelnen Schritte flexibel zu bleiben für mögliche Änderungen – und die dafür benötigte Zeit gleich zu Beginn großzügig einzukalkulieren.

Planen Sie, aber flexibel

Viele Menschen werden schnell unruhig und nervös, wenn sie ihr gestecktes Ziel nicht möglichst schnell erreichen oder ihm zumindest rasch näherkommen. Sie blicken weder links noch rechts, sondern steuern sofort engstirnig auf diesen einen Punkt zu, ordnen alles andere diesem einem Ziel unter, verlangen sich vieles ab und arbeiten besonders hart, um es zu erreichen. Vielleicht erreichen sie es auch wirklich, aber was dann? Statt sich zu freuen, daß sie ihr gesetztes Ziel erreicht haben, hecheln sie schon wieder zwei neuen Zielen hinterher. Fantasielose Menschen sind so veranlagt, daß sie immer mehr brauchen und demzufolge fast immer unzufrieden sind. Sie leben in der Zukunft und scheinen darüber die Gegenwart zu vergessen.

Damit stellt sich die Frage: Wie kann man es schaffen, bewußt in der Gegenwart zu leben und trotzdem den Grundstein für die Zukunft zu legen? Worin besteht die Kunst, sich ohne schlechtes Gewissen wegen des Heute loszulassen? Der Münchner Psychologe und Psychotherapeut Jens Corssen, der viele Prominente coacht, rät sinngemäß folgendes:

Kreativ-Tip: Entwerfen Sie für sich in Gedanken ein genaues Bild von Ihrem beruflichen Ziel. Malen Sie es sich ganz plastisch in Ihren Gedanken aus und halten Sie es fest. Versenken Sie diese Zukunftsvision im entspannten Zustand – beispielsweise jeden Abend beim Einschlafen – in Ihr Unterbewußtsein und versuchen Sie es dann bewußt loszulassen. So stellen Sie sich innerlich auf das Ziel ein, und mit der Zeit werden Sie sich voller Selbstvertrauen automatisch in diese Richtung bewegen und trotzdem hier und jetzt im Heute leben.

Diese Übung bewirkt, daß man auf der bewußten Ebene nicht mehr so verkrampft an seine Karriere denkt, sondern seine täglichen Pflichten, die man zu erledigen hat, mit ganzem Herzen macht – einfach deshalb, weil man sich entschieden hat, sie gern zu machen.

Zusätzlich empfiehlt es sich, sein Selbstvertrauen zu stärken, indem man alle Zusagen und Versprechungen, die man anderen gibt, exakt einhält. Vereinbarungen, die Ihre Arbeit betreffen, sollten stets zu Vereinbarungen werden, die man mit sich selbst eingeht. So lernt man, sich selbst zu vertrauen. Über diesen Entwicklungsprozeß von Persönlichkeit und Eigenverantwortung läßt sich in aller Regel bald auch der äußere Erfolg ernten. Menschen, die Karriere machen wollen, kann man daher nur raten: „Verfolgen Sie Ihr Ziel stets so, als ob Sie es nicht hätten – und tun Sie das, was Sie tun, so gut Sie es heute können." Das klingt im ersten Augenblick vielleicht paradox, aber es ist die beste, schnellste und sicherste Methode, ein bestimmtes Ziel zu erreichen, ohne zu verkrampfen.

Dieses Rezept, sein Ziel so zu verfolgen, als ob man es nicht hätte, funktioniert übrigens nicht nur hervorragend im Beruf, sondern auch im privaten Bereich.

Nehmen wir an, Sie sind Single und beabsichtigen, diesen Zustand zu ändern. Nun hat es wenig Sinn, krampfhaft alles daran zu setzen, den passenden Partner zu finden, womöglich sogar sein ganzes Leben so einzurichten, daß man mit möglichst vielen Vertretern des anderen Geschlechts zusammentrifft. Die Wahrscheinlichkeit, gerade so den Richtigen oder die Richtige zu finden, ist eher klein, weil Sie so schnell demotiviert werden. Stellen Sie sich statt dessen in Ihren Tagträumen immer wieder einen (unkonkreten) Menschen mit bestimmten Eigenschaften vor, die Ihnen bei Ihrem späteren Partner wichtig sind. Stellen Sie sich aber nur die Eigenschaften vor, nicht den dazugehörigen Menschen. Treffen Sie möglichst viele Leute – gleich, welchen Geschlechts – und unternehmen Sie spontan gemeinsame Dinge. Oder gehen Sie gemeinsam kreativem Nichtstun nach! Gut möglich, daß Sie pötzlich einen Partner finden, ohne daß Sie direkt danach gesucht haben. Natürlich ist es auch möglich, z.B. mit einer Zeitungsanzeige etwas nachzuhelfen. Das macht aber wirklich nur dann Sinn, wenn Sie Ihren „Traumtyp" loslassen können und sich nur auf die vorgestellten Eigenschaften konzentrieren.

Versetzen Sie mit Begeisterung Berge

Noch einmal: Kreative Menschen streben ein Ziel oder den Erfolg nie um des Erfolges willen an. Sondern sie entspannen sich spielerisch, lassen ihr Ziel los und warten gelassen ab, was passiert. Sie können sich positiv für eine Sache oder eine Idee begeistern und motivieren, ohne darüber regelmäßiges kreatives Nichtstun zu vergessen. Bereits an anderer Stelle habe ich kurz angedeutet, daß echte Begeisterung für eine Sache, die größer ist als wir selbst, eine ungeheure Kraftquelle darstellt, die wahrhaft imstande ist, Berge zu versetzen. Das verrät uns auch die Bibel in folgendem Gleichnis: „Wenn jemand zu diesem Berg sagt: ‚Heb dich empor, und stürz dich ins Meer!‘, und wenn er in seinem Herzen nicht zweifelt, sondern glaubt, daß geschieht, was er sagt, dann wird es geschehen. Darum sage ich zu euch: ‚Alles, worum ihr betet und bittet und wofür ihr euch einsetzt – glaubt nur, daß ihr es schon erhalten habt, dann wird es euch zuteil‘.“

Solch wahre Begeisterung, wie Jesus sie hier fordert, entspringt am leichtesten und spielerischsten aus häufigem kreativem Nichtstun. Also wäre für jemanden, der Motivationsprobleme hat, eine Woche kreatives Nichtstun die beste Therapie.

Damit kein Mißverständnis entsteht: Ich behaupte nicht, daß jemand, der nur wenig Erfolg hat, immer selbst daran schuld sein muß, weil er sich nicht entspannt und zu wenig begeistern kann. Das wäre Zynismus, der mir völlig fernliegt. Es gibt viele Gründe für Mißerfolg, die keineswegs alle in der eigenen Person zu suchen sind. Aber es ist doch unbestreitbar, daß der Vater des Erfolges die Begeisterung ist. Wer von einer Idee beseelt ist und sich für ihre Verwirklichung einsetzt, ohne zu verkrampfen oder sich zu verzetteln, hat die besten Chancen, daß sein Bemühen von Erfolg gekrönt ist.

Vor einigen Jahren führte ich als Journalist für eine Stadionzeitschrift ein Interview mit Lothar Matthäus, dem damaligen Kapitän der deutschen Fußball-Nationalmannschaft. Auf die Frage, wie er sich seinen großen Erfolg erkläre, erzählte er mir folgende Geschichte:

„Schon als kleiner Junge spielte ich mit allem, was rund war. Nichts war vor mir sicher. Ich spielte Fußball mit Äpfeln und Orangen und schoß mit Kartoffelklößen auf imaginäre Tore. Hinterher aß ich sie auf. Ich war total fußball-verrückt. Ich war ein regelrechter Fußball-Narr, dabei hatte ich gar nicht einmal ein besonderes Talent. Mein erster Trainer sagte, ich solle einen anständigen Beruf erlernen, weil ich sowieso nicht das Zeug zum Profi-Sportler hätte. Aber ich wollte einer werden, für mich gab es nichts anderes. Viele Kollegen in meiner damaligen Jugendmannschaft waren mir spieltechnisch haushoch überlegen, aber ich machte alles mit unbändiger Begeisterung. Das ist bis heute so geblieben. Im Prinzip bin ich noch heute der begeisterte kleine Junge von früher. Ich kann mich durch und durch für Fußball begeistern. Ich lebe mit Fußball, durch Fußball, in Fußball. Für mich gibt es keine wichtigere Sache auf der Welt als diesen Sport. Ich glaube, das ist mein Erfolgsgeheimnis. Und das ist auch der Grund, warum ich nach schweren Verletzungen immer wieder zurückgekehrt bin, obwohl mich alle schon aufgegeben hatten."

Ich bin sicher, ohne seine enorme Begeisterungsfähigkeit wäre Lothar Matthäus nicht der geworden, den die Fans bewundern. Sein Talent war, wie er selbst sagt, keineswegs überragend. Was ihn aber von anderen Sportlern unterschied, war seine unbändige Leidenschaft, die ihm immer wieder half, Berge zu versetzen, Niederlagen zu überwinden und Verletzungen zu überstehen. Während andere nach einem verpatzten Spiel erst mal ihre „Wunden leckten" und langatmig nach Erklärungen suchten, „brannte" er schon wieder regelrecht auf den nächsten Einsatz, die neue Chance. Das ist Begeisterung pur. Natürlich kann Begeisterung auch in Besessenheit oder Fanatismus ausarten, aber solange es sich um eine *positive* Besessenheit handelt, unter der weder man selbst noch andere leiden, ist dagegen nichts einzuwenden.

Das kreative „Erfolgsprogramm" für den Beruf

Stellen Sie sich vor, Sie sitzen eines schönes Morgens in Ihrem Büro am Schreibtisch und freuen sich, daß Sie es heute etwas langsamer angehen lassen können, weil Sie die letzten Tage sehr fleißig waren und viel Arbeit bewältigt haben. Da geht die Tür auf, der Chef kommt herein und legt Ihnen ein dickes Aktenbündel hin. Kommentar: „Das brauchen wir bis heute abend. Sie schaffen das schon."

Sie sichten die Papiere fachmännisch und stellen entsetzt fest, daß die Bearbeitung selbst bei vollster Konzentration und höchstem Arbeitseinsatz mindestens zwei Tage beansprucht. Jetzt haben Sie genau zwei Möglichkeiten. Erste Möglichkeit: Sie fressen Ihren Ärger in sich hinein, stürzen sich sofort auf den gewaltigen Arbeitsberg und verfluchen Ihren Job, den Chef und überhaupt jenen unseligen Tag, an dem Sie sich bei dieser Firma beworben haben. Das wäre sehr gut verständlich, gleichzeitig aber auch die schlechteste Lösung.

Kann man das Problem auch kreativ lösen? Man kann! Zweite Möglichkeit: Sie behalten ruhig Blut, atmen erst ein paar Mal kräftig durch und nehmen ein Blatt Papier zur Hand. Sie überlegen kurz, teilen die Arbeit gedanklich in mehrere kleine Portionen ein und entwerfen eine übersichtliche Matrixtabelle: links die jeweilige Arbeitsportion, rechts die Zeit, die Sie dafür benötigen – in etwa so:

Zu erledigende Arbeit	Voraussichtlicher Arbeitsaufwand
Persönliche Rücksprachen mit anderen Sachbearbeitern	2 Stunden
Bearbeiten der Daten aus dem ersten Bündel	3 Stunden
Bearbeiten der Daten aus dem zweiten Bündel	3 Stunden
Bearbeiten der Daten aus dem dritten Bündel	3 Stunden
Bearbeiten der Daten aus dem vierten Bündel	3 Stunden
Ca. 10 Telefonate	2 Stunden
Pufferzeit für unvorhergesehene Probleme, Pannen, Rückfragen usw.	2 Stunden

Dann gehen Sie mit dieser Tabelle zu Ihrem Chef und sagen: „Lieber Herr Soundso, ich habe hier einen Plan gemacht. Bitte werfen Sie einen kurzen Blick darauf! Die Arbeit, die Sie mir zugeteilt haben, ist beim besten Willen nicht bis heute abend zu schaffen, selbst wenn ich mir allergrößte Mühe gebe. Ich brauche mindestens zwei Tage dafür. Soll ich sofort anfangen? Oder wollen Sie die Arbeit aufteilen?"

Ich wette mit Ihnen, daß kein Vorgesetzter einen solchen Mitarbeiter für einen Versager halten wird. Im Gegenteil: Ihr Chef wird einsehen, daß er sich verkalkuliert hat, und seine Konsequenzen ziehen. Er wird sogar beeindruckt sein von Ihrer genauen Zeitplanung sowie Ihrem Organisationsgeschick und einsehen, daß Sie Recht haben.

7. Kapitel:
Sieben Relaxing-Tips:
So bleiben Sie locker

Ganz zum Schluß stelle ich Ihnen sieben Relaxing-Tips zusammen, die eine Art Quintessenz aus diesem Buch bilden. Vielleicht haben Sie für sich selbst aber auch eine ganz andere Quintessenz herausgelesen oder ganz andere Schlüsse gezogen ...

Geistig-emotionale Fitneß ist die logische Folge von häufigem kreativem Nichtstun. Wer auch nur einen kleinen Bruchteil der Kreativität, die in ihm steckt, ausschöpft, hat eine gute Chance, unabhängig vom biologischen Alter geistig *und* emotional fit zu bleiben. Mehr als das: Er wird überschäumen vor Energie für alle Aufgaben, die das Leben ihm stellt, er wird unweigerlich zu einem Quell aufrichtiger Begeisterung – und andere in diesem positiven Motivationssog mitreißen, weil er als kreativer Mensch unweigerlich eine positive Schwingung ausstrahlt. Er bleibt vom Kopf her stets jung und dynamisch. Wohl jeder kennt Menschen, die 70 Jahre oder älter, aber keineswegs verkalkt sind, sondern die Vitalität eines Zwanzigjährigen besitzen. Ihr „Geheimnis" heißt fast immer kreatives Nichtstun in irgendeiner Form. Fassen wir also zusammen, worin das „Geheimnis" geistiger und emotionaler Fitneß besteht:

Erster Relaxing-Tip

Das Erste und Wichtigste: Sorgen Sie dafür, daß Ihnen der Spaß am Leben nicht abhanden kommt! Wie heißt es schon in einem alten Kinderlied: „Froh zu sein, bedarf es wenig, doch wer froh ist, ist ein König." Ich will hier keine Predigt halten, aber kreative Menschen kennen normalerweise keine Langeweile, sie ziehen gute Laune und Erfolg förmlich an, so daß es ihnen schon manchmal selbst nicht geheuer ist. Es ist wissenschaftlich nachgewiesen, daß gute Laune über das Nerven-, Hormon- und Immunsystem dazu beiträgt, körperlich gesund zu bleiben und schneller zu genesen. Der Heidelberger Psychologe Professor Klaus Fiedler stellt fest: „Gute Laune begünstigt Kreativität, und umgekehrt, die Einfälle fließen, alles sprudelt." Vermeiden Sie es nach Möglichkeit, immer nur zweckorientiert zu handeln. Wenn also Ihr nervöser Finger das nächste Mal an der Fernbedienung oder an der Stereoanlage spielen will, pfeifen Sie ihn zurück. „Ömmeln" Sie ruhig einfach nur mal so vor sich hin – ohne Audio, TV und Video. Und ohne Angst, die wichtigsten Weltnachrichten zu verpassen. Ich verstehe unter Ömmeln nicht ödes Rumhängen, sondern schöpferisches Faulenzen. Sie werden staunen, wieviel kreative Energie Sie nach einiger Zeit dadurch gewinnen.

Tip:

Fördern Sie unbedingt den in Ihnen schlummernden Spieltrieb. Erschließen Sie sich neue Horizonte und entdecken Sie ganz neue Hobbies. Tun Sie möglichst jeden Tag etwas, was *nicht* primär zielgerichtet oder *nicht* zweckorientiert ist. Tun Sie möglichst viele Dinge um der Dinge selbst willen, nicht um etwas damit zu erreichen. Das ist im übrigen auch die optimale Einstellung der Arbeit gegenüber.

Zweiter Relaxing-Tip:

Da der Mensch von seiner Natur her ein spielendes Wesen ist, besteht die hohe Kunst des kreativen Nichtstun zuerst einmal nur darin, in scheinbar „sinn- und nutzlosen" Spielereien aufzugehen, um dann in einem zweiten Schritt daraus automatisch Ideen und Motivation zu schöpfen. Schöpferisches Loslassen beginnt schon bei ganz kleinen Dingen: bei einem bewußten Spaziergang in der aufblühenden Natur beispielsweise, beim entspannten Lesen eines interessanten Buches, bei einer anderen sinnvollen Freizeitbeschäftigung usw. Es muß nicht immer etwas Unkonventionelles, Außergewöhnliches sein. Wer auch nur einmal in seinem Leben etwas tut, was er noch nie zuvor gemacht hat, tut sich selbst etwas Gutes – auch wenn er dies vielleicht nicht sofort realisiert. Aber das Unterbewußtsein wird es uns zweifellos langfristig danken. Bei Dingen, die uns intellektuell nicht fordern, kann die Seele am besten relaxen und auftanken.

Tip:

Spielerisches Entspannen gelingt am leichtesten, wenn Sie irgend etwas tun, was Sie noch nie zuvor getan haben: z.B. einen Fantasiekuchen backen, einen Haiti-Strand auf den Balkon zaubern, nach optischen Täuschungen Ausschau halten, neue Wörter erfinden, Wassermolche beobachten, nach einem alten Schatz suchen, mit Bäumen sprechen ...

Dritter Relaxing-Tip

Von alten Menschen sagt man oft, sie würden in der Vergangenheit leben. Das mag zum Teil stimmen, aber genausogut könnte man sagen: Die meisten hektischen Jungen leben in der Zukunft! Wie viele zum Teil unnötige Sorgen machen wir uns nicht alle um unsere Zukunft! Es zeigt sich an vielen Beispielen: Je fantasieloser und unkreativer jemand ist, desto eher neigt er dazu, sich jede Menge Sorgen über Nebensächlichkeiten und allerlei Unwichtigkeiten zu machen. Und häufig merkt er gar nicht mehr, daß er seine Sorgen um Kleinigkeiten auch noch kultiviert:

Mein Nachbar, ein älterer kinderloser Herr, rief mich kürzlich heraus, um mir zu zeigen, daß Kinder ihre Fahrräder an sein frisch verputztes Haus gelehnt hatten. „Sehen Sie sich nur den Kratzer an", sagte er aufgeregt, „ist das nicht eine Unverschämtheit?"

Eine absolute Kleinigkeit! Nichts weiter. Eigentlich gar nicht der Rede wert. Aber nicht für ihn. Kleinlichkeit ist der beste Weg, um sich das Leben schwer zu machen, denn sie türmt immer neue Sorgen auf. Schon der griechische Geschichtsschreiber Perikles sagte vor 2400 Jahren: „Meine Herren, wir beschäftigen uns zu lange mit Nebensächlichkeiten!" Ja, das tun wir wirklich! Sensibilisieren Sie sich für das „Jetzt", entwickeln Sie ein Bewußtsein für das Momentane. Denn *heute sind* wir, und heute können wir etwas verändern. Probieren Sie es aus: Das Leben im Jetzt entspannt herrlich, weil alle Lasten von einem abzufallen scheinen.

Tip:

Verdüstern Sie Ihren Geist nicht mit Nebensächlichkeiten aus Vergangenheit und Zukunft. Beherzigen Sie das Wort des weisen Benjamin Disraeli: „Das Leben ist zu kurz für Nebensächlichkeiten." Leben Sie im Hier und Jetzt! Gestern – schon vorbei. Morgen – kommt erst noch! Stellen Sie heute die richtigen Weichen, indem Sie kreativ in sich hineinhorchen. Alles andere findet sich von selbst.

Vierter Relaxing-Tip

Fantasielose Menschen orientieren sich wesentlich am *Haben*, ihr Verhältnis zueinander ist hauptsächlich durch Rivalität, Antagonismus und Furcht gekennzeichnet. Wenn Haben die Basis meines Identitätsgefühls ist, weil „ich bin, was ich habe", dann muß der Wunsch zu haben zu dem Verlangen führen, viel mehr, am meisten zu haben. Mit anderen Worten, Habgier ist die natürliche Folge der Haben-Orientierung. Was auch immer seine Gier entfacht, der Fantasielose wird nie genug haben, er wird niemals „zu-frieden" sein. Sein Selbstwertgefühl korreliert stets mit seinem aktuellen Leistungsniveau – ähnlich wie eine Aktie an der Börse auf jede kleine Nachrichtenmeldung hochsensibel reagiert. Eine Auflösung dieser verhängnisvollen Verquickung von Leistung und Selbstwert ist nur möglich, wenn man an einer Stelle „aussteigt" und sich selbst zurücknimmt. Ansonsten bleibt jeder Entspannungsversuch Stückwerk.

Tip:

Definieren Sie sich nicht vorrangig über Leistung, sondern über Kreativität und Fantasie. Leistung ist nur dann positiv, wenn sie nicht die alleinige Motivation des Tuns ist. Machen Sie sich frei von schädlichem Leistungs- und Konkurrenzzwang, der Ihre Persönlichkeit hemmt und von dem wegführt, was Sie von Ihrer Natur her sein sollen und sein können. Sagen Sie sich öfter laut folgenden Satz vor: „Es reicht, einfach nur zu sein."

Fünfter Relaxing-Tip

Fantasielose Menschen erkennt man unter anderem daran, daß sie nur wenig von ihrer Umgebung mitbekommen, nicht staunen können, häufig nörgeln, keinen Humor haben und schon gar nicht über sich selbst lachen. Wenn Sie sich in solcher „schwarzmachender Umgebung" befinden, so unterliegen Sie wahrscheinlich unbewußt der negativen (modischen?) Gruppennorm. Sie werden sich davon befreien müssen, wenn Sie nicht in den „pessimistischen Strudel" mithineingezogen werden wollen. Oder besser noch: Suchen Sie sich als Ausgleich eine positivere, humorvolle Gesellschaft, mit der Sie gemeinsam kreative Aktivitäten unternehmen können. Und geben Sie sich vor allem niemals den düsteren Weissagungen von Friedrich Nietzsche hin, wonach das Leben „ein langer Prozeß des Scheiterns" ist, oder denen von Sigmund Freud, der schreibt: „Die wesentliche Aufgabe eines Menschen besteht darin, das Leben zu ertragen." Als kreativer Nichtstuer wissen Sie es besser!

Tip:

Auch aus widrigen Umständen läßt sich etwas machen. Voraussetzung ist allerdings, daß man sich einen Funken Humor bewahrt und den „Fantasie-Motor" zur Problemlösung „anwirft". Vielleicht zeigt sich schon bald ein unerwarteter Ausweg. Oder sogar eine neue Chance. Ein altes russisches Sprichwort sagt: „Es gibt nichts Schlechtes, das nicht auch sein Gutes hat." Leben Sie danach!

Sechster Relaxing-Tip

Fantasielose Personen lenken gute Lebensenergie mit Vorliebe auf das, was ihnen *fehlt*, was sie nicht haben, und sind neidisch auf die Fähigkeiten anderer. Menschen, denen Fantasie für eigene positive Aktionen fehlt, hegen häufig Ressentiments gegenüber anderen. Sie sind wütend auf sich selbst, weil sie nicht so sind, wie sie gerne sein möchten. Dabei könnten Sie es in vielen Fällen sein, wenn sie es wirklich wollten (und wenn nicht etwa biologische Gründe dagegensprechen). Statt dessen neigen sie dazu, sich ständig mit anderen zu vergleichen, und sind geradezu erleichtert, wenn sie bei ihnen negative Seiten entdecken oder ihnen jemand sagt, daß auch er an sich leide. Jeder Mensch hat bestimmte starke Seiten und neigt dazu, seine schwachen Seiten in sein Unterbewußtsein zu verdrängen. Die Folge ist, daß wir unbewußt diese unsere Schwächen auf andere übertragen (die Psychologie nennt diesen Abwehrmechanismus „Projektion") und in ihnen bekämpfen.

Tip:

Sollten Sie Neid oder einen anderen negativen Gedanken verspüren, schalten Sie sofort gedanklich auf
die Gegenposition um – der Gedanke darf sich gar
nicht erst festsetzen. Sie werden sonst negativ programmiert, was irgendwann auf Sie selbst zurückfal-
len kann. Tun Sie jeden Tag einem anderem Menschen einen kleinen Gefallen – am besten, ohne daß er
es merkt. Sie profitieren dadurch beide: Der andere
wird sich riesig freuen, und Sie werden sich einfach
großartig fühlen.

Siebter Relaxing-Tip

Pflegen Sie Tagträumerei. Leben Sie in Ihren Tagträumen – und zwar nicht nur gelegentlich, sondern jeden
Tag. Wissenschaftler haben Tagträume lange Zeit völlig
unterschätzt – als Fluchten aus der Realität oder als Er-
satzbefriedigungen. Aber wer tagträumen kann, fühlt
sich besser und gesünder. Der Grund: Die „Luftschlös-
ser" erfüllen mehrere wichtige Aufgaben in unserem
Seelenhaushalt. Und sie haben großes praktisches
Potential in sich. Fantasien können uns helfen, die Probleme und Aufgaben des Lebens besser zu lösen – und
zwar nicht irgendwie, sondern schöpferisch.

Tagträume sind ein Zufluchtsort, an den wir uns immer zurückziehen können, auch unter extremen äuße-
ren Bedingungen. Sie helfen uns über Berge von Arbeit
hinweg und können uns trösten, wenn wir in Schwierigkeiten stecken.

Tip:

Tagträumen Sie, und staunen Sie über die kleinen und die großen Dinge, die Ihnen so begegnen. Seien Sie „unterwegs" und entdecken Sie die vielen kleinen „Wunder" in Ihrer Umgebung, die auf den ersten Blick nicht zu erkennen sind. Begeben Sie sich auf die Suche nach Ideen, Bildern, Täuschungen, Motiven, Liedern und fantastischen Abenteuern.

☺ **Auf einen Blick:**
Beispiel für einen „Relax"-Tag

So sieht bei mir beispielsweise ein „Relax"-Tag aus:

- Aufstehen, Morgentoilette, bequem anziehen, Meditation (siehe Seite 49)
- Kreativ-Frühstück (z.B. Müsli mit Äpfeln und Erdbeeren; Orangensaft mit Lecithin und Schnittlauch; Apfelessig mit Wasser; Gemüsepulver auf Vollkornbrot o.ä.)
- Kreativ-Spaziergang, evtl. mit Naturmeditation (siehe Seite 49)
- Freies Malen einer Szene aus einem Buch/einem Film
- Bestandsaufnahme meines inneren Dialogs/Gedankenhygiene, Kreativ-Koch- bzw. Back-Orgie (siehe Seite 34)
- Joggen für die „Glückshormone" (siehe Seite 79)
- Still sitzen (siehe Seite 54)
- Ein „Drehbuch" für die nächste Woche schreiben
- Filmen, musizieren, töpfern, modellieren oder einfach nur staunen (siehe Seite 72)
- Kreatives Beten (siehe Seite 56)

Selbstverständlich variiere ich die einzelnen Elemente frei nach Tagesform und Belieben. Dazwischen stimuliere ich mich regelmäßig positiv und sage mir im Geiste bestimmte Wortfolgen vor (siehe Seite 99). Die konkrete Ausgestaltung eines „Relax"-Tages hängt auch davon ab, ob ich alleine bin oder zusammen mit Freunden und Bekannten eine Kreativ-Party feiere.

☺

**Auf einen Blick:
Ihr ganz persönlicher „Relax"-Tag**

✎

_____

_____

_____

_____

_____

_____

_____

_____

Tip:

„Verplanen" Sie den Tag nicht zu sehr, sondern legen Sie nur grob den Rahmen und die Zeiten fest. Natürlich kann man als fortgeschrittener kreativer Nichtstuer auch sehr gut auf einen solchen Plan verzichten. Wenn man allerdings überhaupt keinen Rahmenplan erstellt, besteht leicht die Gefahr, daß man die ganze Zeit nur unproduktiv herumhängt und sich selbst auf die Nerven geht. Das ist natürlich *nicht* der Sinn kreativen Nichtstuns.

Kreativ-Workshop

Sie werden es sicher schon gemerkt haben: Mit *kreativem Nichtstun* können Sie wesentlich schneller relaxen und besser auftanken, als wenn Sie beispielsweise vor dem Fernseher sitzen und sich nur berieseln lassen oder anderen bei ihren Aktivitäten zusehen. Wenn Ihnen bei der Lektüre eigene Ideen gekommen sind, beglückwünsche ich Sie ganz herzlich – das ist der Sinn dieses Buches. Die hier vorgestellten Ideen sind nur einige wenige Beispiele, eine kleine Auswahl einer unerschöpflichen Vielzahl möglicher kreativer Aktivitäten – und keineswegs festgefahrene, patentierte Übungen, wie beispielsweise das Autogene Training oder andere Methoden. Ich wünsche Ihnen viel Spaß beim ganz individuellen kreativen Nichtstun und beim bewußteren Erleben Ihres Alltags.

Wenn Sie Lust haben, besuchen Sie einen meiner Kreativ-Workshops inmitten der inspirierenden Atmosphäre des Klosters Andechs im Süden von München. Informationsmaterial sende ich Ihnen gerne zu.

An das
Kreativ-Team
z. Hd. Dr. Hermann Ehmann
Alice-Bärlein-Weg 2

82223 Eichenau

☒ Absender:

_____

_____

☐ Ich interessiere mich für die Kreativ-Kurse
in Kloster Andechs.
Bitte schicken Sie mir Informationsmaterial
zu.

Notizen

Notizen

Notizen

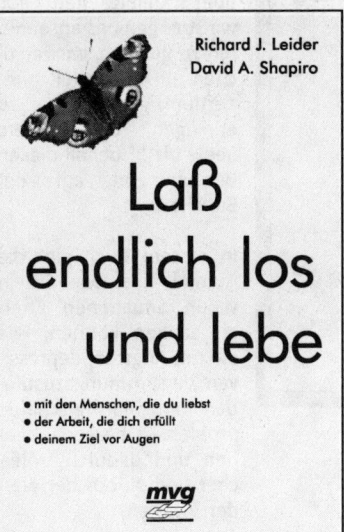